陈建峰　编著

国际象棋

入门与提高

化学工业出版社

·北京·

图书在版编目（CIP）数据

国际象棋入门与提高 / 陈建峰编著 . -- 北京 : 化
学工业出版社 , 2023.10
  ISBN 978-7-122-43952-9

  Ⅰ . ①国… Ⅱ . ①陈… Ⅲ . ①国际象棋—基本知识
Ⅳ . ① G891.1

中国国家版本馆 CIP 数据核字 (2023) 第 146718 号

责任编辑：杨松淼　　　　　装帧设计：张　辉
责任校对：宋　夏

出版发行：化学工业出版社（北京市东城区青年湖南街13号　邮政编码100011）
印　　装：三河市延风印装有限公司
710mm×1000mm 1/16　印　张：12$\frac{1}{2}$　字数200千字　2024年1月北京第1版第1次印刷

购书咨询：010-64518888　　　　　售后服务：010-64518899
网　　址：http://www.cip.com.cn

定　　价：49.80元

前 言
PREFACE

　　国际象棋是一个古老的棋类游戏，也是全世界影响最大的智力竞技项目之一。世界国际象棋联合会的数据显示：全世界 7.5 亿人经常下国际象棋。截至 2019 年年底，世界国际象棋联合会的成员组织已经达到 190 个，仅次于国际足联，是世界第二大单项协会。

　　国际象棋是将科学、文化、艺术、竞技融为一体的智力体育项目。它有助于开发智力，培养逻辑思维和想象能力，增强分析能力和记忆力，可以提高思维的敏捷性和严密性。它能培养人的战略战术思想意识和全局观，加强人们工作中的计划性和灵活性。它还能丰富人们的文化生活，增进友谊，陶冶情操，培养顽强勇敢、坚毅沉着、机智灵活等优秀的意志品质。国际象棋着法多变，趣味横生，对于开发少年儿童的智力，更有特别好的效果。因此，目前世界上已有许多国家把国际象棋列入小学课程。

　　随着广大人民群众精神文化需求的日益增长，我国国际象棋爱好者的队伍越来越大，青少年和儿童学下国际象棋的也越来越多了。一些大中城市的小学里开设国际象棋课程，各级少年宫以及业余体校、棋校中也大多开办了国际象棋班。近几年来，一些大学和学院里试开棋类选修课，其中也有国际象棋的身影。广大的国际象棋爱好者，尤其是初学者迫切需要适合他们阅读的国际象棋入门读物，并且希望在入门读物中增加一些提高棋艺的方法。作者根据自己多年来从事国际象棋运动的经验和体会，编写了本书，目的是为广大的国际象棋爱好者提供一条入门和提高的捷径，为国际象棋运动的顺利开展尽一点微薄之力。

本书共分七章，主要内容包括入门基础知识、如何杀单王、残局基础、开局基本技巧、常用基本战术、中局常用战术、精彩对局赏析等，每章末有综合练习，可自测棋力，检验自己的学习状况。书中的第六、七两章内容丰富而实用，对国际象棋初、中级棋手甚至高级棋手提高棋艺理论和实战水平都有重要的指导作用。书中讲解文字通俗，由浅入深，循序渐进，可供广大国际象棋爱好者和初、中级棋手自学研究，也可作为教材使用。

由于成书时间略显仓促，书中若有纰漏之处，请读者和棋界人士指正，以便再版时修订改正。

编著者

目 录

第一章　入门基础知识

第二章　如何杀单王

第三章　残局基础

第四章　开局基本技巧

第五章　常用基本战术

第六章　中局常用战术

第七章　精彩对局赏析

第一章

入门基础知识

　　国际象棋是一项集体育、艺术、文化、科学为一体的智力体育运动，也是当今世界开展得最广泛、拥有爱好者最多的运动项目之一。国际象棋作为一门兼具竞技、思维、哲学、艺术、科学等多方面特质的综合学科，在启迪智慧、培养综合能力、增强意志品质、完善修养等方面发挥着重要作用。

第一节　棋盘和棋子

下国际象棋就是在棋盘上移动棋子，因此我们首先要熟悉棋盘和棋子。

一、棋盘

国际象棋棋盘是由 64 个小方格组成的一个正方形棋盘，这些方格有深浅两种颜色，交替排列，其中深色格子通常称为"黑格"，浅色格子通常称为"白格"，如图 1-1。

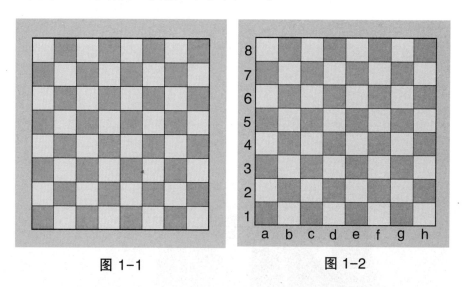

图 1-1　　　　　　　　　　图 1-2

为了便于阅读和记录棋谱，棋盘上的每个格子都有自己的名字。它们的名字是由棋盘上的直行、横行的字母和数字结合而成的。每条直行由英文字母 a、b、c、d、e、f、g、h 来表示，共八个直行，横行是由阿拉伯数字 1、2、3、4、5、6、7、8 来表示，共八个横行，如图 1-2。

如图 1-3，按顺序标出所有小方格所在直、横行的名称，棋盘四个角的格子分别是 a1、a8、h1 和 h8，这样可以帮助识记。

棋盘上的每一个小方格相互又组成了许多的线路，这许多的线路分为三大类：直线、横线和斜线。

棋盘上有八条直线，即由八个英文字母所代表的 a 线、

8	a8	b8	c8	d8	e8	f8	g8	h8
7	a7	b7	c7	d7	e7	f7	g7	h7
6	a6	b6	c6	d6	e6	f6	g6	h6
5	a5	b5	c5	d5	e5	f5	g5	h5
4	a4	b4	c4	d4	e4	f4	g4	h4
3	a3	b3	c3	d3	e3	f3	g3	h3
2	a2	b2	c2	d2	e2	f2	g2	h2
1	a1	b1	c1	d1	e1	f1	g1	h1
	a	b	c	d	e	f	g	h

图 1-3

b 线、c 线……h 线。八条横线由阿拉伯数字代表，即第 1 横线、第 2 横线……第 8 横线。斜线是由相同颜色的小方格对角线相连而形成的，共有 26 条，长短不一，最长的有八格，最短的只有两格，用两端格子的名称所表示，如 a1-h8 斜线、c1-h6 斜线。为了大家能清楚地理解，下面用几张图来简单举例。

如图 1-4 所示的是 d 线和 f 线，这两条均为直线。

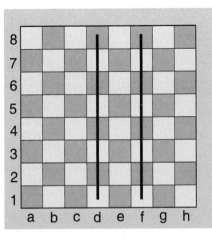

图 1-4

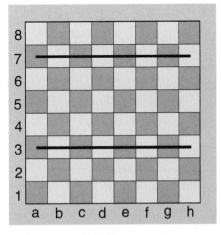

图 1-5

如图 1-5 所示的是两条横线，即第 3 横线和第 7 横线。

如图 1-6 所示的两条斜线为 a1-h8 大斜线和 a4-e8 斜线。

棋盘上的第 1 和第 8 横线，习惯上称为"底线"，a、h 两条直线称为"边线"。棋盘上四角的格子（a1，a8，h1，h8）称为角格。

人们把棋盘还划分了区域。组成 a、b、c、d 四条直线的格子统称为"后翼"，组成 e、f、g、h 四条直线的格子统称为"王翼"（也有的把 a、b、c 线称为后翼，把 f、g、h 线称为王翼，d、e 线称为中路）。棋盘上 d4、d5、e4、e5 这四个格子称为中心，如图 1-7。

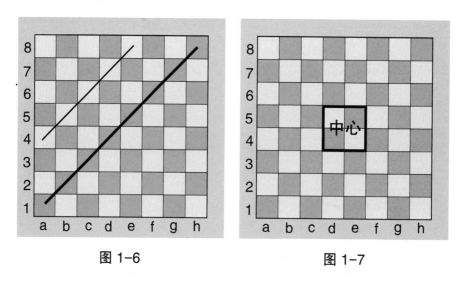

图 1-6   图 1-7

以上介绍的棋盘知识，初学者一定要记牢，这样有助于我们今后深入地学习和掌握国际象棋的基本知识。

最后要提醒的是别把棋盘摆错。下棋时，棋盘应置于对局者之间，双方面对棋盘时各自的左下角格，必须是黑格。

二、棋子

对弈用的国际象棋棋子是立体型的，共计 32 个，按颜色分为两组，浅色的一组称白棋，深色的一组称黑棋。双方各执一组，每组 16 个，即一个王、一个后、两个车、两个象、两个马和八个兵。

国际象棋的棋子名称及图形（印刷体）如下。

名称：王 后 车 象 马 兵

白棋：♔ ♕ ♖ ♗ ♘ ♙

黑棋：♚ ♛ ♜ ♝ ♞ ♟

棋子的摆法如图 1-8。

这里尤其要注意的是，王和后的位置不能摆错。白后摆在白格（d1 格），黑后摆在黑格（d8 格）。

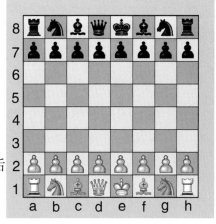

图 1-8

第二节 棋子的走法和吃子

在对局时，按照规则由白方先走，黑方后走，一次走一着，双方轮流走棋，直到对局分出结果为止。轮到走棋的一方按走子方法把自己的某个棋子从所在的格子内移动到另一个格子内，无论移到的格子内是否有对方的棋子，都叫走一步（着）棋。

国际象棋 6 个兵种中，王、后、车、马、象各自的走法和吃子方法是一致的，只有兵的走法和吃子方法不同。所有的棋子吃子时不分强弱，只要符合走子规定，都可以相互吃掉对方任何子力。

下面我们分别介绍各个棋子的行棋和吃子方法。

（一）王

王直走、横走、斜走都可以，每次只能走一格。

如图 1-9 所示，王在 a1 时可以走到 a2、b1、b2。王在 e8 时可以走到 d7、d8、e7、f7、f8。王在 e4 时可以走到 d3、d4、d5、e3、e5、f3、f4、f5。

虽然王每次移动只能走一格，但作用不可忽视，尤其在残局中王的作用尤为重要。

王和其他棋子的共同之处，是在它能到达的格子里，可以把对方的任何子力吃掉（对方的王除外）。王和其他棋子的不同之处，是它不能和对方任何子力进行交换，不能走到对方控制的格子内"送吃"，也不能吃有保护的棋子。

如图 1-10，白王可以吃掉黑车，但不能吃黑马，因为有车保护，也不能吃黑兵，因为有马保护，也不能走到 f6，因有黑王控制。

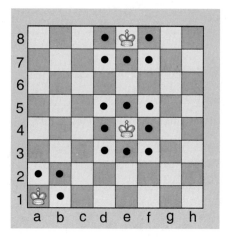

图 1-9

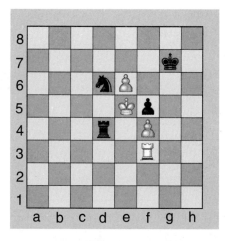

图 1-10

如果把此图中的黑车移至 d1 格，这时白王暂时哪里也走不了，因为不能走到对方控制的格内送吃，也不能吃马或吃兵，因为它们分别有己方车和马的保护。请大家一定要记住以上规定。

国际象棋被称为追捕国王的智力游戏，王的命运决定一局棋的结果。因此王是国际象棋中最重要的棋子。

（二）后

后直走、横走、斜走都可以，格数可多可少，不受限制。从图 1-11 中可以看到，后在中心 d4 格时能走到的格子有 27 个。即图 1-11 中带黑点的任一格内。而在边线或角格能走到的格子各有 21 个。

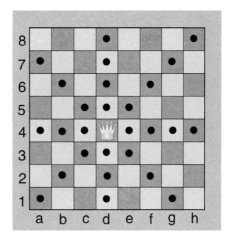

图 1-11

后的吃子方法和走法一样，在一步棋能到达的格子上，如果有对方的棋子存在，后就能把这个棋子吃掉。

由于后既可走直线、横线，又可走斜线，因此它是战斗力最强的棋子，称为"强子"。但是在开局阶段不宜贸然出动，以免受攻而失先。

如图 1-12，白后横线捉象，直线捉马，斜线捉车，可见后的威力之大。黑方只好先逃车，让白后挑一个子吃。

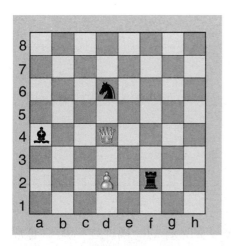

图 1-12

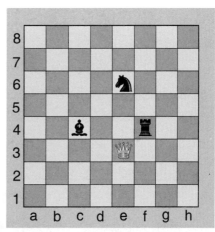

图 1-13

如图 1-13，白后虽然直线捉马，斜线捉车，但白后哪个子也不敢吃，因为黑方三个子互相保护着。白后如吃车，黑马可吃白后；白后如吃马，黑象可吃白后。因为后的价值相当于两个车或双马加一象，或双象加一马，一个后只换对方一个车或一个马是不划算的。

当后的行动线路上有其他子力（包括己方和对方）阻碍时，后不能跳跃过去行棋。

我们将图 1-12 稍加改动，形成图 1-14，由于白后在吃黑方车、马、象的线路上都有子力阻碍，因此白后现在不能吃这三个子了，只能吃 d6 兵。

现在我们尝试着不看棋盘，想一想在原始位置时，是什么子力阻碍了黑后的行动呢？对的，是 d7 兵阻碍黑后直线行动；是 c7 兵和 e7 兵阻碍黑后斜线行动；是 c8 象和 e8 王阻碍黑后横线行动。

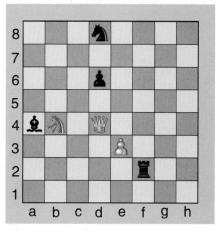

图 1-14

（三）车

车直走横走均可，格数不限，但不能走斜线。如图 1-15，白车可以向前、向后、向左、向右移动，即盘上带黑点的任意一格，共 14 个位置。

如果白车要走到盘上不带黑点的任意一格，只需两步棋即可。

把图 1-15 中的车挪到盘上任意一格，一步棋能走到的格子都是 14 个，也就是说任意一个位置上的车，在没有其他子力（包括己方和对方）阻碍时，车控制的格子是一样的。因此在对局中通常把车放置在通路线上，这样才能发挥它最大的作用。

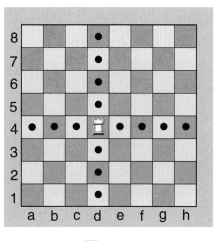

图 1-15

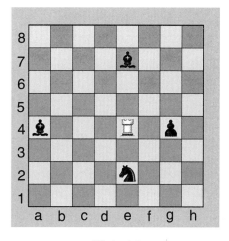

图 1-16

车的吃子方法和走子方法相同,图 1-16 中的白车可以吃掉图中任意一个黑子。

车的威力仅次于后,也属于强子。车的价值相当于一个半马(或象)。在中局阶段作用很大,与其他子力配合攻王,颇具威力。残局时,车的作用更能得到充分发挥。

(四)象

象沿斜线走,格数不限,和后、车一样也不能越子行走和吃子。每方有两个象,一个在白格,叫白格象,一个在黑格,叫黑格象。由于只能走斜线,因此象只能在同种颜色的格子中行动。

如图 1-17 是象的行棋方法示意图。图中的白格象可以走到带○的任一格内,可以看

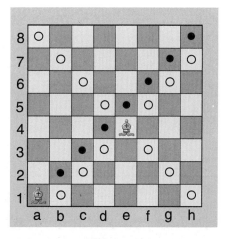

图 1-17

到位于中心格的白格象可以走到的格子有 13 个。而位于盘角的黑格象可以走到的格子只有 7 个，即棋盘上带黑点的任意一格。

图 1-18 是象的吃子示意图。象的吃子方法和行棋方法相同，图中的白格象可以吃 b5 车或 g2 马。黑格象可以吃 a7 兵或 f6 兵、c3 车、g1 马这四个中的任意一个黑子。

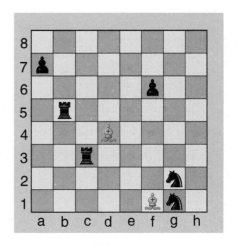

图 1-18

象属于远射程子力，动作迅速，十分灵活而且隐蔽性强，尤其在开放性局面中，它的威力更大，在与后或车配合时颇具杀伤力。但是在封闭性局面中由于受到兵链的制约，其威力减弱。

（五）马

马的走法与中国象棋的马一样，即走"日"字，与其他兵种不同，马是国际象棋中唯一可以越子走的棋子。

如图 1-19 是马的行棋示意图。图中的马可走到任意一个带黑点格内，而且不受周围子力的限制，即没有蹩马脚的限制。

如图 1-20 是马的吃子示意图。可以看出马的吃子方法和

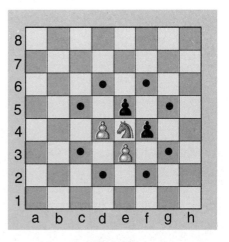

图 1-19

行棋方法一致，此时白马可以吃掉图中的任意一个黑子。

马的行棋方法独特，可归纳为如下三个特点。

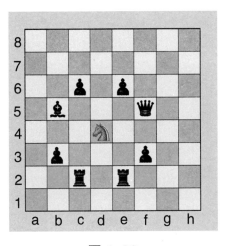

图 1-20

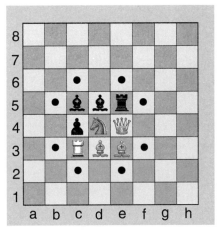

图 1-21

特点一：在国际象棋各种棋子中，马是唯一可以越子行棋的棋子（包括己方和对方）。

如图 1-21，在马的四周摆放了一圈棋子，但马仍可跳到图中带黑点的任意一个格子内。

特点二：马越是接近棋盘中心，所能到达或控制的格子就越多。

如图 1-22 显示出马在各种

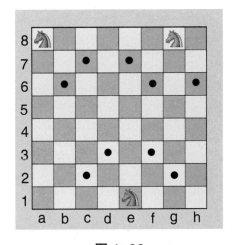

图 1-22

不同位置时所控制的格数。处在 a8 角格的马控制格数只有 2 个，即图中 b6 格和 c7 格。处在 g8 格的马，由于位置接近盘角，所以它的控制格数只有 3 个，即图中 e7 格、f6 格和 h6 格。处在 e1 格的马，控制格数有 4 个，即图中 c2 格、d3 格、f3 格和 g2 格。而位于中心及扩展中心的马，控制格数最多可有 8 个格，故有"马跳八方"之称。

特点三：马每走一步，所在的格就换一次颜色，白格上的马只能走到黑格上，黑格上的马只能走到白格上，因此又称"变色龙"。

马和象都属于国际象棋中的弱子，马是近程行进的棋子，虽然调动较慢，但由于特点独特，穿透能力强，在某些封闭性局面中能完成其他子力不能完成的任务。

（六）兵

兵只能向前直走，不能后退，也不能横走或斜走。在原始位置的兵可以根据情况向前直走两格或一格。凡是不在原始位置上的兵，每步只能向前直走一格。

如图 1-23 是兵在原始位置时的行棋示意图。图中 d2 兵和 h2 兵可以走到各自前方带黑点的任意一格内，可直走两格或一格。

如图 1-24 是兵不在原始位置时的行棋示意图。图中 d3 兵和 h5 兵只能走到各自前方带黑点的格内（直走一格）。

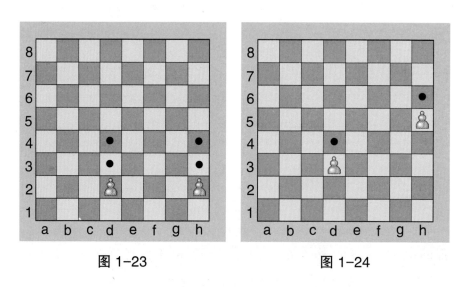

图 1-23   图 1-24

兵是六个兵种中走子方法和吃子方法比较独特的棋子。它是直进斜吃的，如果在兵的斜前方一格内有对方的棋子存在时，兵可以吃掉它而占据此格。图 1-25 是兵吃子方法的示意图。图中 d2 白兵可以吃掉 c3 黑车或 e3 黑马，g6 黑兵可以吃掉 f5 白象或 h5 白兵。

图 1-25

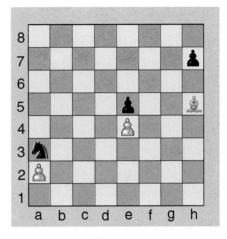

图 1-26

如图 1-26 所示是双方兵均不能吃子的情况：a2 白兵前面有黑马，白兵是不能吃黑马的；e4 白兵和 e5 黑兵互相阻挡形成"对顶兵"，这时双方的兵都不能前进或互吃，h7 黑兵可以前进一格走到 h6，但不能走到 h5 吃掉白方象。

总之，兵的行棋方法是直着前进，但在它前进的格子上有棋子阻碍时，它就暂时无法移动，只能处于僵持状态，而吃子方法是斜进一格吃子，故概括为"直进斜吃"。

第三节 三种特殊着法

一、吃过路兵

兵由起始位置向前直进两格时，如与相邻直行线上对方的兵恰巧并列在一条横线上，则对方在应着时，可以立即用这个兵把它吃掉，再斜进一格。但隔一回合再吃不行，这叫"吃过路兵"。

如图 1-27 是吃过路兵的示意图。假设图中白兵此时要直行两格，黑兵可立即吃掉白兵，走到黑点格内。但必须立即就吃，如黑方这时另走一步其他着法，以后再轮到黑方走棋时，就不能再吃这个白兵了。

图 1-27

二、兵的升变

任何一兵直进到达对方底线时，即可升变为除"王"之外的任何一种棋子，而且不能不变。这叫"升变"或"升格"。兵进行升变时，为争胜需要，一般应升变为威力最大的"后"。但在某些特殊局面中，由于局势所迫，兵变"后"将造成"逼和""长将"或其他不利于取胜的局面时，可以根据特定的局面变车、变象或变马。关于

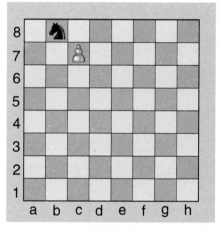

图 1-28

兵的升变战术，以后有专题讲述。如图 1-28 是兵升变的示意图，图中白兵已进至第 7 横线，可以直进一格升变，也可以斜进一格吃马而升变。兵升变后立即具有升变后棋子的特性。

三、王车易位

每局棋中，双方各有一次机会，使自己的王和一个车进行一次位置的关联性变化，即王朝车的方向移动两格，然后车越过王，放

在和王紧邻的一格上。这叫"王车易位"，如图1-29是黑白双方王车易位的移动方式示意图。如果王向a、b、c行的一翼移动，称"长距离易位"或"长易位"；如果王向f、g、h行的一翼移动，称"短距离易位"或"短易位"。如图1-30是双方王车易位前的棋局形势，如图1-31是双方王车易位后的棋局形势。这个王车易位的变化过程中，白方采取"短易位"，黑方采取"长易位"。

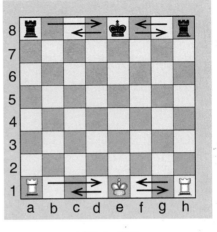

图1-29

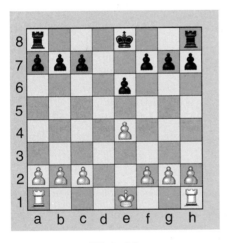

图1-30

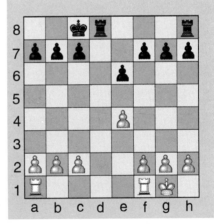

图1-31

王车易位是有条件限制的，如有下列情况之一，则不能进行王车易位。

（1）王和车已经走动过。

（2）王和车之间有别的棋子阻隔。

（3）王正被对方棋子"将军"。

（4）王经过或到达的格子受对方棋子的攻击。

王车易位的目的有二：一是用车护王，使王移到安全的位置，就像筑起一个堡垒一样，在国际象棋术语中王车易位的本意是"以堡垒护王"；二是同时把车动员出来，投入战斗。总之，王车易位兼有进攻和防守的双重作用，对局的双方自然都应准确掌握它的使用规则，并在最合适的时机使用它。

第四节 子力的价值和性能

国际象棋 6 个不同兵种的子力价值是不一样的，有的棋子实力强、作用大，有的棋子实力弱、作用小。要想学好国际象棋，就必须首先了解和掌握各兵种的价值，以及它们在棋局进程各个阶段的变化情况。我们知道，棋局的各个阶段，不可避免地要发生子力交换，究竟该不该进行某种子力交换，交换以后的局势对哪一方有利，这样的问题用子力价值的观点来分析就能解决。

棋子的子力价值大小取决于它的活动范围和控制的格数。

后占据中心格位时可控制 27 个方格，活动范围最大，控制的格数最多。因此，它是子力价值最大的一种棋子。

车可控制 14 个方格，子力价值仅次于后。它的威力大体上是后的一半。

马在中心格可控制 8 个方格，所谓"马有八面威风"。它的子力价值比车小。

象在中心格可控制 13 个方格，从控制方格的数量上看，它比马控制得多，但因它有不同色格的限制，只能控制与自己同色格的方格，价值无疑会受到影响，大体上与马相当。

兵最多控制两格，子力价值最小。

如果以子力价值最小的兵作为子力价值为 1 的单位，那么 1 个象或马的子力价值大致相当于 3 个兵，1 个车的子力价值大致相当于 5 个兵，后的子力价值大致相当于 9 个兵。棋子的子力价值如果用数字表示就是：兵 1，象 3，马 3，车 5，后 9。

上述棋子子力价值的数字表示法对初学国际象棋者有些用处，在进行子力交换和分析局面时可以参考上面的数字进行计算。但是，国际象棋棋子的子力价值是绝对不能单纯用数字来估算的。因为实践证实，棋子的子力价值会随着本身位置和棋局形势的变化而变化。例如马和象的子力价值虽然大致相当，但在开放性局面中，象优于马，而在封闭性局面中，马优于象。双象因有同时控制两色格子的作用，在开放性局面中，它们的威力甚至超过双马或马象。而在残局阶段，象有色格限制，单象有时就不如单马的威力大了。

以上说的还是属于一般规律，至于在某些特殊局面中，有时一个致命的兵的价值有可能比车还大。因此，棋子子力价值的实际大小最终由它本身在局中所处的地位决定，数字表示法只能是对初学者的一个参考。

一局棋一般分开局、中局、残局三个阶段。棋子的子力价值根据棋局的进程和不同的阶段也会有所变化。在开局和中局阶段，象与马实力相当，象和马实力之和相当于一车两兵，但双象比双马或马象强，象或马优于三个兵的价值。双象一马或双马一象的价值优于后，而后比双车为优。车象（或马）双兵的实力与后大致相当。

在残局阶段，马或象相当于 3 个兵。马和象的实力之和相当于车兵。马比象优，因象有黑格象和白格象之分，黑格象不能攻击对方布置在白格上的棋子，白格象则不能攻击黑格，而马则没有这些限制。车相当于马或象加 1 兵，双车优于 1 后，而 3 个弱子（双象 1 马或双马 1 象）的价值相当于 1 后。后相当于车象 1 兵。

从上述不同阶段棋子价值比较关系的变化情况中，可以发现几条值得注意的规律：

（1）兵的作用在残局阶段逐渐扩大，特别是可以升变的通路兵和挺起格数较多的兵。这是因为兵越接近对方底线，升变的可能性就越大，因而相对价值就会明显提高。

（2）车的作用在残局阶段也逐步增大。这是因为车要占据通路才能发挥它的攻击作用。残局阶段，棋盘上双方的大量子力都拼杀殆尽，就给车的活动打开了广阔的空间。

初学者在还没有丰富的实践经验来确定各兵种在某个部位上的价值时，记住棋子子力价值的比例关系和变化规律，在子力交换过程中进行计算和推敲，就可以尽量避免吃大亏。

第五节　将军与应将

在对局过程中，一方的棋子攻击对方的王，威胁着在下一着棋要吃掉对方的王时，我们称之为"照将"或"将军"，简称"将"。如图1-32所示，被白车"将军"的黑方必须马上采取自卫措施来保护自己的王，这种手段叫作"应将"。

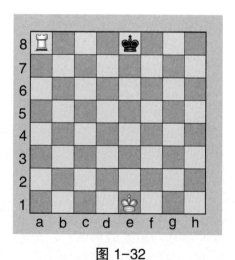

图1-32

应将的办法有以下三种。

（1）吃子解将。消灭掉对方将军的棋子。通过吃掉对方进行将军的棋子来解除被将军的状态的手段，即我们通常所说的"吃子解将"。

在图 1-33 中，黑方用象吃车即为吃子解将。

（2）垫将。在对方进行将军的棋子和己方的王之间，用己方的棋子加以阻隔，以达到保护王的目的，即我们通常所说的"垫将"。

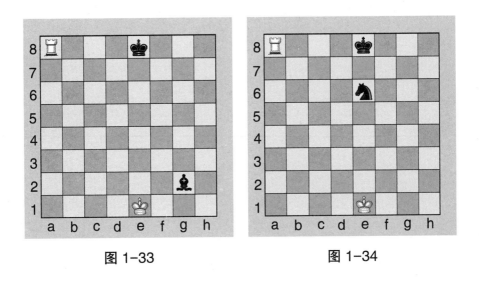

图 1-33   图 1-34

在图 1-34 中，黑方走马 d8，把马走到王身边挡住白车的攻击即为垫将。

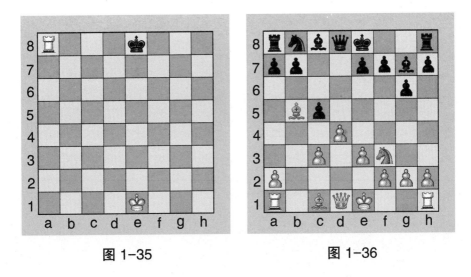

图 1-35   图 1-36

（3）避将。把王从受攻击的格子挪开，走到不受对方攻击的格子上去，即为"避将"。

在图1-35中，黑方把王走到第7横线即为避将。

我们在实战中应根据具体情况来选择不同的应将方式。如图1-36，现轮黑方行棋，黑王正被白象将军，必须马上应将（因为在国际象棋中王是唯一不能兑换，更不能送吃与被吃的棋子）。黑方可以选择垫将（用象、马、后）与避将（躲王）的方式来应将。

第六节 双方的胜、负与和

一、胜和负

当被将军的一方无法应将，也就是被将杀或称将死。根据规则，将杀对方王的一方为胜，王被将杀的一方为负。

如果被将军时无法应将，也就是说下一着无法避免被对方吃掉王，就是被将死，这时对局就结束了，因为对局的直接目的是将死对方的王。

下面各图分别是用各种子力将死王的示例。

如图1-37是白方用后将死黑王。

如图1-38是白方用车将死黑王。

如图1-39是白方用象将死黑王。

图 1-37

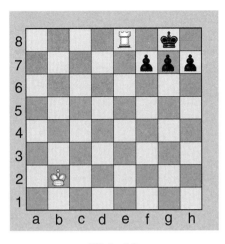

图 1-38　　　　　　　　　　　图 1-39

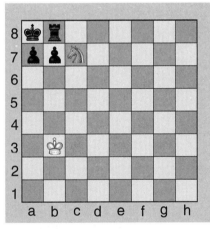

图 1-40

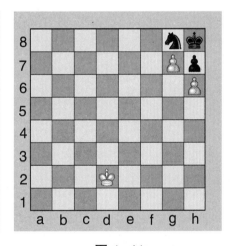

图 1-41

如图 1-40 是白方用马将死黑王。

如图 1-41 是白方用兵将死黑王。

另外，在正式比赛中是有时间限制的。一般国际比赛和国内比赛规定每方前两小时内必须走满 40 着，以后每小时内必须走满 20 着。少年儿童比赛一般规定每方前 1 小时 30 分钟内必须走满 40 着，以后每 45 分钟内必须走满 20 着，或规定每方在前 1 小时必须走满 40 着，以后每半小时内至少走 20 着，等等。在某些比赛中还有采用每方 1 小时 30 分或 1 小时 15 分包干的计时制度。

在规定时限内未能走满应走的着数，或在时间包干制的限时方式下，用时超过规定的时限会被判为输棋，叫"超时判负"。

还有以下几种会被判负情况。

（1）在对局或封局续赛开始后，未能在规定时间回到赛场或棋盘旁（一般定为迟到 15 分钟）的一方被判负。

（2）封棋着法记录有误而又解释不通者应判负。

（3）一方因子力相差悬殊、无法对抗而主动认输。

二、和棋

双方都将不死对方的王时，对局结果就是和棋。

例如以下四种情况，双方都没有取胜能力，应判和棋。

（1）双方各剩一王。

（2）双方各剩一王和一同色格象。

（3）一方剩王，另一方剩王、象。

（4）一方剩王，另一方剩王、马。

如图 1-42，是以上四种无取胜能力的示例。

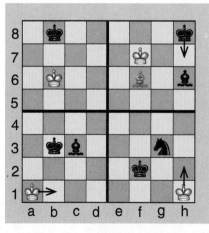

图 1-42

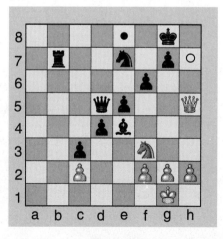

图 1-43

除了将不死对方的王判和以外，还有几种特殊的和棋规定。

（1）长将和。一方连续不断地将军，而对方也只能反复用相同方式解将，双方着法循环往复，叫"长将"。"长将"按规则判为和棋，叫"长将和"。

如图1-43是长将和的一个实例。白方子力比黑方弱，但白后可走到黑点格内将军，黑王只能走到○格，白后接着又走回原处将军，黑王也只能回到图中原位，这样循环往复，即成"长将和"。

如图1-44是长将和的另一实例。黑方有车象，白方有马象，黑方子力明显占优，而且黑车正威胁着要到底线照将成杀，但白方用马象长将，可判为和棋。

图1-44

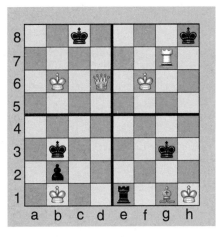

图1-45

（2）逼和。轮到走棋的一方，王没有被对方将军，但又无路可走；同时自己一方任何其他棋子也无法活动，总之不能进行任何合乎规则的着法，王若动就会形成送吃，属于无子可动的局面，按规则判为和棋，称为逼和。

如图1-45是逼和的四个实例。

（3）三次重复局面和。对局中同一局面已经第三次出现，而且每次都由同一方走棋，在行棋方的要求下可由裁判员判和。重复局面指同种同色的棋子都位于同样的格子，所有棋子可能的着法，包括王车易位和吃过路兵的权利，也都相同。

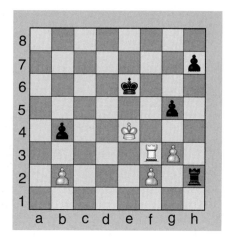

图 1-46

如图 1-46，是三次重复局面的实例，应判和棋。白车 f8，黑王 e7，白车 f3，黑王 e6，白车 f8，黑王 e7，白车 f3，黑王 e6，白车再到 f8 时，即成三次重复，可以判和。

在比赛中，还有"五十回合规则和""双方同意和"，以及一方只有单王，对方超时也判和等和棋规定。

第七节 记谱与读谱

有些国际象棋爱好者下了很多年的国际象棋，却并不认得国际象棋的棋谱。因为只要懂得棋规，即使不认得棋谱，也同样可以下棋。

但是在正式的国际象棋比赛中，按规则规定，双方必须逐着进行着法的记录。因此，要想参加比赛，在比赛中把棋着快速、准确地记录下来，并在赛后复盘研究，总结经验，就必须学习和掌握国际象棋的记谱法和常用的记录符号。掌握国际象棋的记谱法和常用的记录符号以后，平时可以读谱、打谱。

这样，通过棋谱学习国际象棋的棋艺理论，对棋艺的提高自然颇有裨益。

目前世界上通用的国际象棋记谱方法是坐标记谱法，有完整记录法和简易记录法两种形式。

（一）完整记录法

每一着棋先记棋子名称（兵可省略不记），再记棋子原先的位置，接着加"−"或"×"的符号（"−"表示行棋方向，"×"表示吃子），最后标出棋子新到的位置。

如图 1-47 中白马跳到黑点格，这一着棋应记为马 g1-f3。

如果黑点格有黑象，如图 1-48 所示，这时，白马吃黑象，应记为马 g1×f3。

（二）简易记录法

每着棋先记棋子名称（兵可省略不记），再记走完这着棋后棋子新到达的格位。如这着棋吃了对方的棋子，就在棋子名称和新到格位之间加"×"符号。

例如在图1-47中，马g1-f3这着棋可简记为马 f3。而在图1-48中，马 g1×f3 这着棋可简记为马×f3。

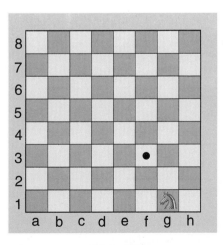

图 1-47

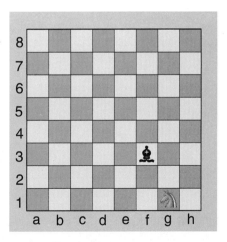

图 1-48

如果有两个兵种相同的棋子都可走到同一方格中去，为加以辨别，应在棋子名称后加记棋子原来位置的标志。例如图 1-48 中，如要强调马的具体身份，可记为马 g×f3。

兵的着法表示还可以再简单，例如位于 e4 的白兵吃去黑 d5 兵可简记为 e×d5 或 ed。

（三）常用的国际象棋记录符号

"0-0"表示短易位，"0-0-0"表示长易位，"+"表示将军，"++"表示双将，"#"表示将死，"！"表示好棋，"！！"表示妙棋，"?"表示坏棋，"??"表示劣着，"=后"表示升变为后，"！?"表示激烈的着法，"e.p."（法语 en passant 缩略语）表示吃过路兵，"~"表示任意着法，兵升变为后这着棋，应在着法后加"= 后"两字，或简写为"后"，兵升变为车、马、象可分别记为"= 车""=马""= 象"，或简写为"车""马""象"。

棋局胜负的表示符号：

1-0 或 1:0 表示白胜；0-1 或 0:1 表示黑胜。1/2-1/2 或 1/2:1/2 表示和棋。表示胜负的记录符号应记在局末。

1985 年起，国际棋联规定，参加比赛的人员，一律统一采用简易记录法。所以本书在之后的所有例局中，只标出着法的简易记录。

下面我们看一些例子。

如图 1-49，a：白车由 d8 到 d7，黑王由 a7 到 b6。记录为① 车 d7 王 b6。

b：白后由 f5 到 f8，黑马

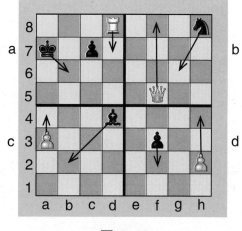

图 1-49

由 h8 到 g6。记录为① 后 f8 马 g6。

c：黑象由 d4 到 b2，白兵由 a3 到 a4。记录为① …… 象 b2 ② a4。

d：黑兵由 f3 到 f2，白兵由 h2 到 h4。记录为① …… f2 ② h4。

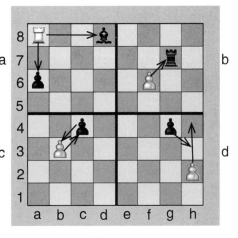

图 1-50

如图 1-50，a：白车有两种着法。如吃象，可记为① 车×d8；如吃兵，则记为① 车×a6。

b：白兵吃车，应记为① f×g7。

c：双方的兵互吃，如白兵吃黑兵，记为① b×c4；如黑兵吃白兵，记为① …… c×b3。

d：白方的兵由 h2 进至 h4，黑可吃过路兵，记录为：① h4 g×h3（e.p.）。

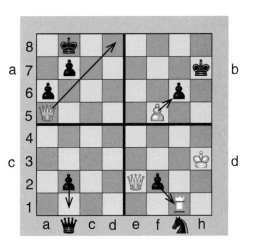

图 1-51

如图 1-51，a：白后至 d8 将军，记录为① 后 d8+。

b：f5 白兵吃 g6 黑兵之后形成将军，记录为① f×g6+。

c：黑兵 b1 变后，记录为① …… b1（＝后）或① …… b1（后）。

d：f2 黑兵吃车变马抽将，记录为① …… f×g1（＝马）+ 或① …… f×g1（马）+。

如图 1-52，a：黑方底线双车都可走到 d8 格，如是 a8 格车走到 d8，记录为① …… 车 ad8；如是 f8 格车走到 d8，记录为①……

车 fd8。

b：白方双车都可吃兵。如是 c6 白车吃黑兵，应记为 ①车 6 × c5；如是 c4 白车吃黑兵，应记为 ① 车 4 × c5。

c：白方双马都可走到 d2，应分别记为 ① 马 bd2 和 ① 马 fd2。

掌握了记录方法，了解了棋谱上各种符号所表示的意思以后，就可以阅读棋谱和记录对局了。

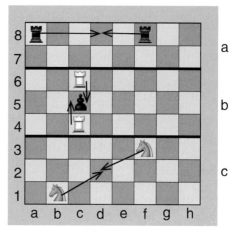

图 1-52

第八节　比赛规则

在比赛时，要遵守比赛规则。常用的规则有以下几条。

1. 白先黑后

比赛时，白棋先走，黑棋后走，双方轮流走棋，一次走一步棋，直到分出胜负或走成和局为止。

2. 摸子走子

在对局中，用手触摸了己方的某个棋子，就必须走动它。如果所触摸的棋子根本无法走动，才可以另走别的棋子。

如果要摆正棋子，必须先向对方或裁判员口头声明，经过对方同意，才可摸子。

在轮到己方行棋时，如果用手触摸了对方的某个棋子，就必须吃掉它。只有当自己任何一个棋子都无法吃掉它时，才允许走别的着法。

3. 离手无悔

一着棋走了之后，手已离开棋子，就不能再改走它着。如果这时你的手还没离开这个棋子，还可另改走其他格位，但必须按摸子走子原则走动这个棋子。

4. 纠正错误

（1）在对局时，如果发现棋盘的方向摆错了，即黑格的棋盘角放在了自己的右侧，应把对局已走成的局面移置到另一块棋盘上，摆放正确后继续对局。

（2）在对局中，如果发现双方所用棋子颜色反了，先后走不符合比赛的编排规定，应交换棋子，重新开始对局。如此时比赛时间已过了第一时限所规定的四分之一，则对局应继续进行，不再交换棋子。

（3）一方将军时，另一方未采取相应的应将措施而误走了其他着法，要及时纠正。被将军一方要重新选择应将的着法。但在重走时如误走的棋子本身可以应将，就必须用它来应将，只有在它无法应将的情况下，才能另用别的着法来应将。

以上的各种情况，要在对局过程中及时发现和纠正。如果赛后才发现，那么对局的结果有效。

我们平时训练中要养成先动脑后动手的习惯。在比赛中做到遵守棋规、尊重对手、服从裁判，养成良好的棋风。

综合练习（一）

一、填空

国际象棋棋盘是由 ＿＿＿ 个方格交错排列组成的，这些方格连成 ＿＿＿ 条直线，＿＿＿ 条横线，＿＿＿ 条斜线，其中，由白格连成的斜线有 ＿＿＿ 条，由黑格连成的斜线有 ＿＿＿ 条，最长的斜线是 ＿＿＿＿＿ 斜线。国际象棋的棋子一共有 ＿＿＿ 个，威力最大的棋子是 ＿＿＿，最重要的棋子是 ＿＿＿，能跨越其他棋子的是 ＿＿＿。

二、问答

1.马在棋盘中心可以控制多少个格？马在角格可以控制多少个格？马在 e1 格可以控制多少个格？

2.国际象棋诸兵种中，控制格子最多的和最少的各是哪个兵种？假如你方的兵就要升变，一般情况下选择升变什么兵种最有优势？

三、下面各题均是黑先，黑方王正处于被白后将军的状态。黑方是否能应将，该如何走？

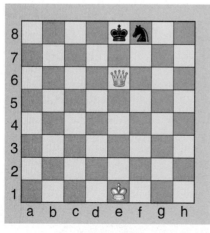

第 1 题

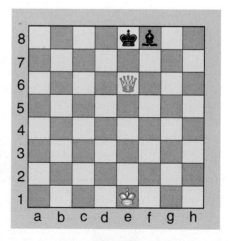

第 2 题

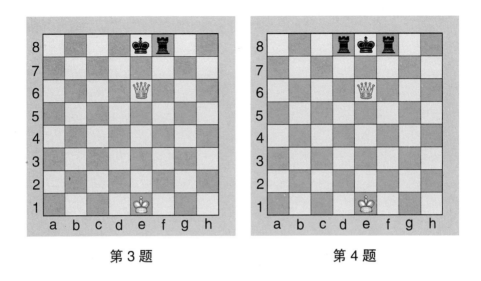

第3题   第4题

四、下面各题均是白先，白方如何走可以将杀黑方？

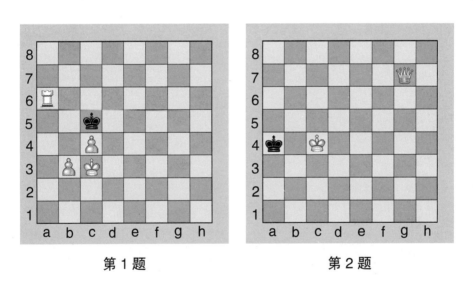

第1题   第2题

五、下面各题均为白先,此时白方能否进行王车易位?为什么?

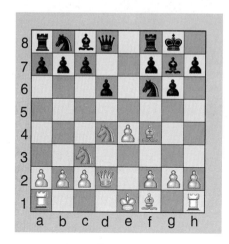

第 1 题

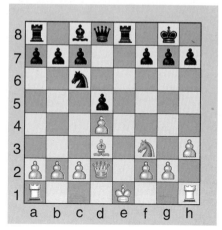

第 2 题

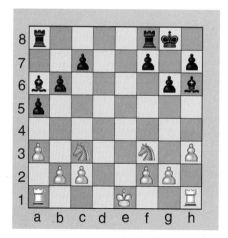

第 3 题

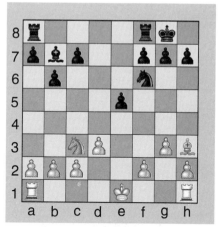

第 4 题

第二章

如何杀单王

当棋盘上对方仅剩下一个王时，杀单王是残局中最基础的技巧，是每个棋手必须掌握的基本功。王能够在棋盘上任何一个格子上被将杀，杀王必须控制王的所有出路，同时攻击王本身所在的格子才能达到最终目的。

第一节　后杀单王

国际象棋中后的威力是最大的，当多对方一个后，而对方只剩下一个王时，如何取胜呢？这里有个一般规律，无论与什么子力配合杀单王，总是先要把对方的王逼向底线、边线或角格，这是因为在这些地方王活动的空间较小，容易形成将杀。

局例一

如图 2-1，白棋必须首先用后和王互相配合，把黑王逼到棋盘边或棋盘角上，具体着法如下。

①后 d3　　王 e6

白方采取限制战术，切断黑王向左翼逃窜的道路。如黑改走王 f4，则白后 d5！以后白棋更容易把黑王逼到盘边。

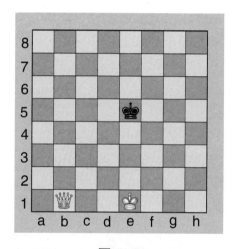

图 2-1

②王 e2　　王 e5　　　③王 e3　　王 e6

④王 f4　　王 f6

白王参加战斗，限制黑王的活动。

⑤后 d8　　王 f7　　　⑥王 f5　　王 g7

⑦后 e8　　王 h7　　　⑧王 f6　　王 h6

⑨后 h8（白胜）

局例二

如图 2-2，轮到黑方行棋。

① ……　　王 e4

② 后 d2

白后继续保持和黑王呈纵向马步的位置关系。

② ……　　王 e5

③ 后 d3　　王 e6

④ 后 d4

白棋的包围圈在逐渐缩小。

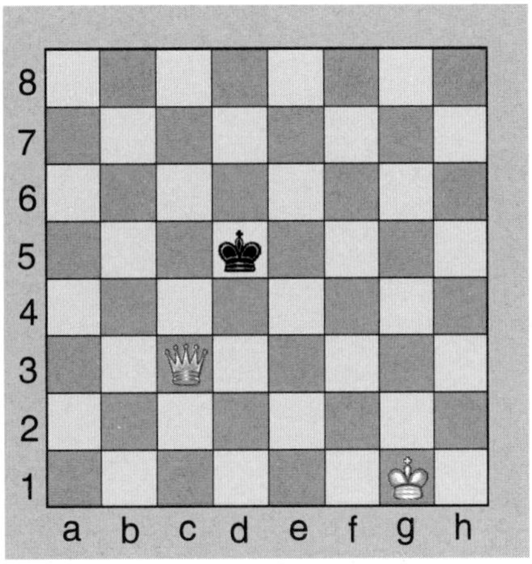

图 2-2

④ ……　　王 f5

⑤ 后 e3　　王 f6　　　　⑥ 后 e4　　王 f7

⑦ 后 e5　　王 g6　　　　⑧ 后 f4　　王 g7

⑨ 后 f5　　王 g8　　　　⑩ 后 d7

至此，黑王被逼到底线。

⑩ ……　　王 h8　　　　⑪ 王 g2 ！

白方千万不能走后 f7，否则将造成逼和。大家一定要记住：当对方的王走到角格时，不能再走后与它保持马步的位置关系了，否则将后悔莫及。现在白方的任务就是把王运动到 g6 格完成将杀。

以上后杀单王的整个过程，总结下来可以分为三个阶段，即逼王到边角、运动己方王至合适位置以及最后的将杀。

第二节　单车杀王

单车杀王的方法与后杀单王大体相同。不同之处在于单车依靠本身的力量无法将对方王赶到边线上，必须与王配合，运用紧逼封锁手段逐步压制对方王的活动空间而达到目的。

局例一

单车只能在对方王处于棋盘边上或角上时才能将死单王。如图2-3，白车e1，白王e6，黑王e8，白方只需三步就能将死黑王，这叫三步杀，具体杀法如下。

图 2-3

① 车 d1 　 王 f8

② 车 g1 　 王 e8

③ 车 g8（白胜）

此处需要注意的是，白方采取封锁和等着相结合的战术手段，把黑王逼至绝境从而速胜。

局例二

如果王不在棋盘边角而在中心，则有车一方必须先用车和自己的王配合作战，把对方的王逼到棋盘边角，然后摧杀。如图2-4，白车追杀黑方单王的着法如下。

① 王 e2 　 王 d4 　　② 车 a4+ 　 王 d5

黑方如果改走王 c3，则白方车 h4，能更快一些把黑王逼向棋盘边角。

③ 王 e3　　王 e5

④ 车 d4　　王 f5

白方采取限制战术，把黑王限制在 e8-e5-h5-h8 的方形区域内。

⑤ 车 e4　　王 f6

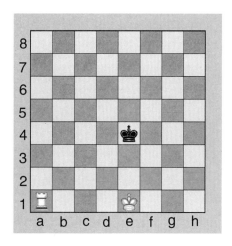

图 2-4

白方进一步压迫黑王，缩小黑王的活动范围，使它只能在 f8-f5-h5-h8 的区域内活动。

⑥ 王 f4　　王 g6　　　⑦ 车 e6+　　王 h7

若黑方改走王 h5，则白车可在第 6 横线上等一着，待黑王 h4 以后，再车 h6 杀。

⑧ 王 f5　　王 g7　　　⑨ 车 e7+　　王 f8

⑩ 王 f6　　王 g8　　　⑪ 王 g6　　王 f8

如黑王 h8，则白车 e8 杀。

⑫ 车 e1！　王 g8

白方等一步，好棋！也可以移到 e 线的其他格。

⑬ 车 e8（白胜）

局例三

如图 2-5，首先白方需采用压制法，即利用王对王的控制配合车将军，逐步将黑王压制到边线上造成杀棋。

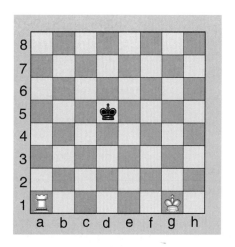

图 2-5

① 王 f2　　王 e5　　　② 王 f3　　王 d5

③ 王 e3　　王 e5　　　④ 车 a5+　　王 e6

利用王对王的控制、车将军将黑王逼到第 6 横线。

⑤ 王 d4　　王 f6　　　⑥ 王 e4　　王 g6

⑦ 王 f4　　王 h6　　　⑧ 王 g4　　王 g6

⑨ 车 a6+　　王 f7

再次利用王对王的控制，车将军将黑王逼到第 7 横线。

⑩ 王 f5　　王 e7　　　⑪ 王 e5　　王 d7

⑫ 车 h6　　王 c7　　　⑬ 车 h7　　王 e8

黑王终于被压制到第 8 横线。

⑭ 王 c6　　王 d8　　　⑮ 王 d6　　王 e8

⑯ 车 a7　　王 f8　　　⑰ 王 e6　　王 g8

⑱ 王 f6　　王 h8　　　⑲ 王 g6　　王 g8

⑳ 车 a8（白胜）

利用等着，迫使黑王受到控制，是车杀单王唯一的方法。

以上局例是车王配合将杀单王的全过程，在熟练运用这一战术手段之后，就不难发现白方其实还有取胜的捷径，即运用封锁法配合压制法会达到事半功倍的效果。

① 车 a4

白方先将黑王封锁在第 5 横线以下，计划将黑王赶到第 8 横线上杀棋。除此之外白方也可以走车 e1。

① ……　　王 e5　　　② 王 f2　　王 d5

③ 王 e3　　王 e5　　　④ 车 a5+　　王 e6

⑤ 王 d4　　王 f6　　　⑥ 王 e4　　王 g6

⑦ 王 f4　　王 h6　　　⑧ 车 g5！

白方着法运用灵活，立即封锁黑王于边线上。

⑧ ……　　王 h7　　　⑨ 王 f5　　王 h6

⑩ 王 f6　　　王 h7　　　　　⑪ 车 g1　　　王 h8

⑫ 王 f7

白方不能走车 g7，否则会被黑方逼和。

⑫ ……　　　王 h7　　　　　⑬ 车 h1（白胜）

第三节　双象杀单王

双象杀单王并不复杂，双象只能在棋盘角上将杀对方王，压制对方王到角上必须有己方王的积极配合。双象需在相邻的两条斜线上建立使对方王不可逾越的封锁线，逐渐缩小对方王的活动空间，直至逼到角上形成杀棋。

局例一

如图 2-6，是双象杀单王的一例，白方双象和王都在边线上，黑方单王在中心，按上述方法先把黑王逼向棋盘角，具体着法如下。

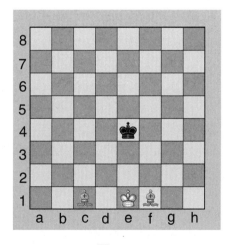

图 2-6

① 王 f2　　　王 d4

② 象 d2　　　王 e4

③ 象 e3　　　王 d5

④ 王 f3　　　王 e5

⑤ 象 d3　　　王 d5

⑥ 王 f4　　　王 e6

⑦ 象 e4　　　王 d6　　　　　⑧ 王 f5　　　王 e7

⑨ 象 f4　　王 d7　　⑩ 王 f6　　王 e8

⑪ 象 f5　　王 d8　　⑫ 象 e6　　王 e8

⑬ 象 c7　　王 f8　　⑭ 象 d7　　王 g8

⑮ 王 g6　　王 f8　　⑯ 象 d6+　　王 g8

⑰ 象 e6+　　王 h8　　⑱ 象 e5（白胜）

局例二

如图 2-7，现轮白方行棋。

① 象 d3　　王 d4

② 王 c2　　王 d5

③ 象 e3！

黑王已被限制在 a8-d5-
e5-h8 的区域内，仅剩二十个格
子可走。

③ ……　　王 e5

④ 王 c3　　王 d5

⑤ 王 b4　　王 e5

⑥ 王 c5　　王 e6　　⑦ 象 f4

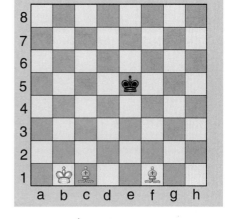

图 2-7

包围圈进一步缩小。

⑦ ……　　王 f6

若黑方走王 d7，则白方接走象 f5+，黑方形势更不利，大家可
自行解析一下。

⑧ 王 d6　　王 f7　　⑨ 象 g5　　王 g7

⑩ 王 e7　　王 g8　　⑪ 象 h6　　王 h8

⑫ 王 f6

如白方走王 f7，会形成逼和。现在，黑方只有坐以待毙了。

⑫ ……　　王 g8　　⑬ 王 g6　　王 h8

⑭ 象 g7+ 王 g8   ⑮ 象 c4（白胜）

双象杀单王的局势经过计算机的拆解和研究，已被证明无论双方子力在何位置，有双象的一方都能于十九个回合内成杀。因此，双象杀单王被称为"十九步杀"。

第四节 马象杀单王

马、象杀单王相对复杂些，马、象杀单王只能在棋盘角上进行，而且是与己方象颜色相同的角上。当进攻一方子力位置较差时，杀单王大约需要三十五步左右。国际象棋规则中有明确规定，杀单王限着五十回合。所以这类残局必须走得十分精确。

马、象杀单王是王、马、象三个棋子相互配合，协调作战的过程。通常用象控制王周围一色格子，用马控制另一色格子，马与象共同建立完整的封锁线，在王的辅助下逐步缩小对方王的活动空间。

局例一

首先我们来观察在角上马、象杀单王的典型局面。如图 2-8 中左半部，白方先走。

① 马 d7+ 王 a8

② 象 b7（白胜）

黑方先走。

① …… 王 a8

② 象 b7+ 王 b8

③ 马 d7（白胜）

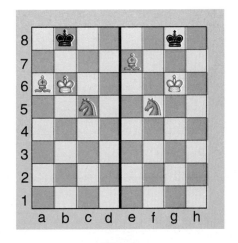

图 2-8

如图 2-8 中右半部，白方先走。

① 马 h6+　王 h8　　　　② 象 f6（白胜）

黑方先走。

① ……　王 h8　　　　② 象 d6　　王 g8

③ 马 h6+　王 h8　　　　④ 象 e5（白胜）

局例二

下面我们一起来看将对方王从与象异色的角上赶到与象同色角上的过程。如图 2-9，白方先走。

① 象 h7　王 e8

② 马 e5！王 d8

如走黑方走王 f8，则马 d7+，白方更容易取胜。

③ 王 e6　王 c7

④ 马 d7　王 c6

⑤ 象 d3

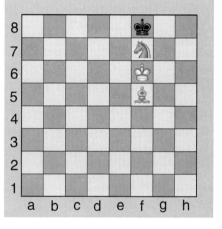

图 2-9

黑方以下有两种着法。

着法 1：

⑤ ……　王 c7　　　　⑥ 象 e4　　王 c8

⑦ 王 d6　王 d8　　　　⑧ 象 g6　　王 c8

⑨ 马 c5　王 d8　　　　⑩ 马 b7+　王 c8

⑪ 王 c6　王 b8　　　　⑫ 王 b6　　王 a8

⑬ 马 c5　王 b8　　　　⑭ 象 f5　　王 a8

⑮ 象 d7　王 b8

形成图 2-8 中右半部局面。

着法2:

⑤ ······ 　 王 b7 　　 ⑥ 王 d6 　 王 c8

⑦ 马 c5 　 王 b8 　　 ⑧ 王 d7 　 王 a7

⑨ 王 c7 　 王 a8 　　 ⑩ 王 b6 　 王 b8

⑪ 象 a6

形成图 2-8 中左半部局面。

局例三

若单王位于棋盘中部地带，将杀的难度要大一些。整个取胜的计划分为三个阶段：将对方王逼至边上；将对方王逼至象所控制的角上；运用等着最后杀王。如图 2-10，白方先走。

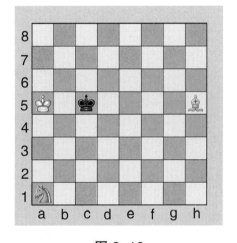

图 2-10

① 象 f7 　 王 c6

② 马 b3 　 王 c7

③ 王 b5 　 王 d6

④ 王 c4 　 王 e7

⑤ 象 d5 　 王 f6 　　 ⑥ 王 d4 　 王 f5

现在白王进入中心，下一步调马来控制黑格，马的最佳位置是 e4 或 e6 格。

⑦ 马 c5 　 王 f6

当黑王被压制到边线时，总是竭力走到与象异色的角上去，以便伺机返回中心。黑方如改走 f4 则不好，因为白方可象 e4！王 g5，王 e5，王 h6，马 e6，黑王去 h8 格的通路被切断。

⑧ 王 e4 　 王 g6 　　 ⑨ 王 e5 　 王 g7

⑩ 王 f5 　 王 h7 　　 ⑪ 王 f6 　 王 h8

黑方如走王 h6，则象 g8！白方第一阶段用 11 个回合将黑王赶到边上，下一步着手将黑王赶向棋盘角。

⑫ 马 e4　　王 h7　　　⑬ 马 d6　　王 h8

⑭ 马 f7+　　王 h7　　　⑮ 象 e4+　　王 g8

⑯ 象 f5　　王 f8

至此形成图 2-9 局面。

在紧逼位于中心区域的单王时，主要依靠王和象，马只是在控制对方王的活动，封堵其重要移动线路时才进行调动，只有王与马、象协调作战，才能有效完成将杀单王。

第五节　后车杀单王

后车对单王，可不用王的支持，只需后和车配合，即可成杀。但在攻杀过程中，应当注意避免形成逼和。

局例一

如图 2-11，白方依靠后车配合，胜法如下。

① 车 e1+　　王 f4

② 后 f6+　　王 g3

③ 车 g1+　　王 h3

④ 后 h6（白胜）

局例二

如图 2-12，白方有多种的将

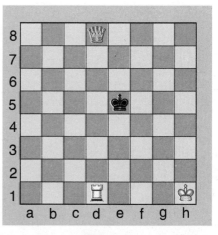

图 2-11

杀方法，最精确的有以下两种
着法。

着法1：

① 车 f3+ 　王 g4

② 车 f4+ 　王 g5

③ 后 g3+ 　王 h5

④ 车 h4（白胜）

着法2：

① 车 g5+ 　王 f6

② 后 e5+ 　王 f7

③ 车 g7+ 　王 f8 　　④ 后 e7（白胜）

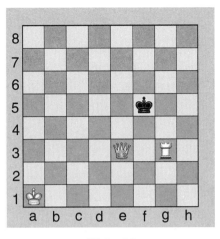

图 2-12

第六节　双车杀单王

双车杀单王同样无需己方
王的配合，就可以完成将杀。双
车杀单王的方法比较简单，一车
控制着对方王逃跑的横线或直线，
另一车去将军，直至把对方的王
逼到底线或边线再将杀。

局例一

如图 2-13 的局面，轮到白
方走棋。

① 车 a5+ 　王 c6 　　② 车 h6+ 　王 b7

图 2-13

③ 车 g5　　王 c7　　④ 车 g7+　　王 d8

⑤ 车 h8（白胜）

局例二

双车相互配合，不需要任何棋子的帮助，逐步把对方王逼到任何一条边线上均可成杀棋。如图 2-14，轮到白方走棋。

① 车 d1　　王 e6

② 车 e8+　　王 f7

③ 车 e2　　王 f6

④ 车 f1+　　王 g5

⑤ 车 g2+　　王 h4　　⑥ 车 h1（白胜）

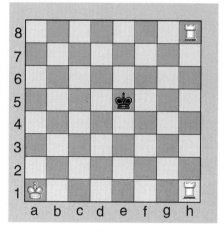

图 2-14

局例三

如图 2-15，轮到白方走棋。白方采用双车错杀法，可轻易取胜，着法如下。

① 车 a4　　王 d5

② 车 f5+　　王 e6

③ 车 b5　　王 d6

④ 车 a6+　　王 c7

⑤ 车 h5　　王 b7

⑥ 车 g6　　王 c7

⑦ 车 h7+　　王 d8

⑧ 车 g8（白胜）

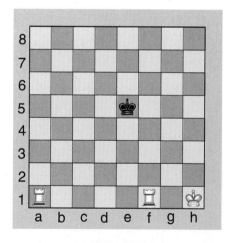

图 2-15

综合练习（二）

以下各题均为白先。

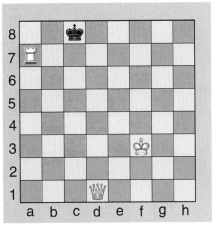

第1题

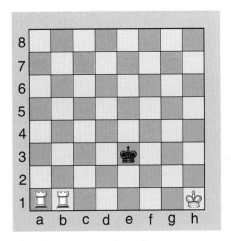

第2题

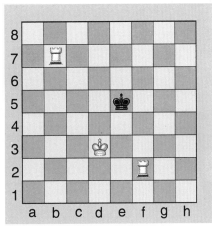

第3题

第4题

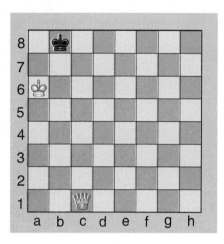

第 5 题

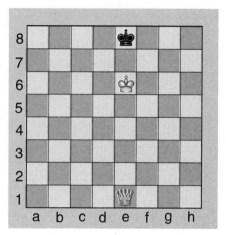

第 6 题

第 7 题

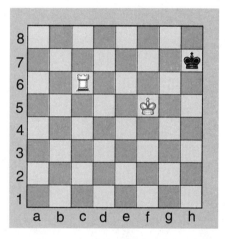

第 8 题

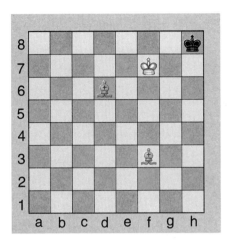

第 9 题

第 10 题

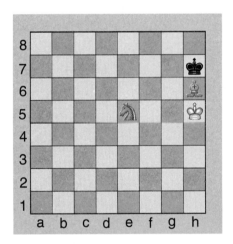

第 11 题

第 12 题

第三章

残局基础

在国际象棋对局的过程中，一般可划分成三个阶段：开局、中局及残局。

残局阶段棋盘上只剩下少量的棋子，看似很简单，其实这里面有着诸多技巧和门道。要想下好残局需对局势的特点做出周密的分析、准确的判断和果断的决策。残局中的任何失误，所造成的局面损失通常很难挽回，因此每一着棋的计算和行动都要极其慎重而准确。

第一节 后对兵

局例一

本例为单后胜中路兵的方法，用后照将并逐步接近对方的兵，然后逼对方的王进入其兵前方的格子，使己方王能有时间接近对方的兵，然后后和王配合，消灭对方的兵，形成后对单王的例胜局面。

如图 3-1，黑兵已走至二线，且看白方如何阻止它升变并最终消灭它。

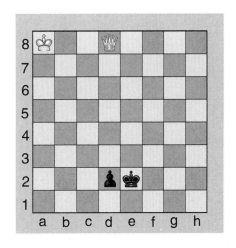

图 3-1

① 后 e7+　王 f2

② 后 d6　王 e2

③ 后 e5+　王 f2

④ 后 d4+　王 e2

⑤ 后 e4+　王 f2

⑥ 后 d3　王 e1

⑦ 后 e3+　王 d1

⑧ 王 b7　王 c2　　⑨ 后 e2　王 c1

⑩ 后 c4+　王 b2　　⑪ 后 d3　王 c1

⑫ 后 c3+　王 d1　　⑬ 王 c6

白方用上述方法，使王逐步接近黑兵，从而取胜。这一方法简单，但是过程较长，大家在实战中如遇到这种局面需有耐心。

局例二

当 c 线或 f 线兵在王的支持下到达第 2 或第 7 横线，后方在两

种情况下能够取胜：后能占领
兵升变的格；己方王能及时赶到。

如图3-2，白王能及时赶到，
帮助消灭对方的兵，即使黑兵
升变成后，也难逃一败。

① 后 c3+　王 b1

② 王 b3　　c1（后）

③ 后 d3+　王 a1

④ 后 a6+　王 b1

⑤ 后 a2（白胜）

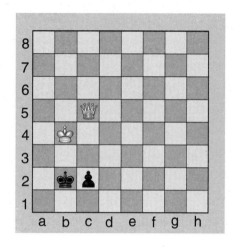

图 3-2

局例三

当c线或f线兵在王支持下
到达第2或第7横线，对方的
后不能占据升变格而王又不能
及时赶到，则可成和棋。

如图3-3，因白王不能及
时赶到，白后也不能占据兵的
升变格，所以此局是和棋。

① 后 b4+　王 a2

② 后 c3　　王 b1

③ 后 b3+　王 a1

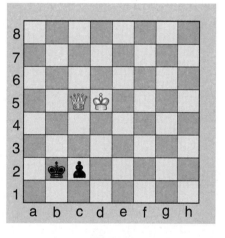

图 3-3

白方走王，黑兵则升后，后吃兵则形成逼和，这是c线或f线
兵的一个特点。

局例四

如图3-4，白王可以及时赶到，胜法如下。

① 后 d2+　王 b1　　　② 王 b4　　a1（后）

③ 王 b3

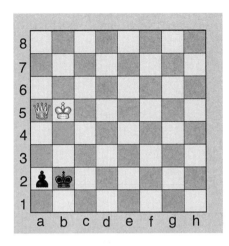

图 3-4

图 3-5

不论黑后走到哪里，黑王都将被杀。

局例五

如图 3-5，白王不能及时赶到接近黑兵的位置，无法取胜。

① 后 b4+　王 a1

白方若走王则成逼和。

② 后 a3　　王 b1

③ 后 b3+　王 a1（和棋）

在单后对单兵的残局中，后方王的位置，起到了决定性的作用，也就是说后方的王是否能及时赶到，是其能否取胜的关键。

第二节 车对单兵

车对单兵一般能胜，但如果得不到王的协助，也有和棋的可能。在极个别的情况下，当车方王和车位置很差时，进到次底线的兵甚至能升后而逆转取胜。下面分别举例说明。

局例一

当车方的王位于兵的前进路线上或者能够及时靠近兵时，取胜并不费力。如图3-6，轮到黑方走棋。

① …… 王 b6

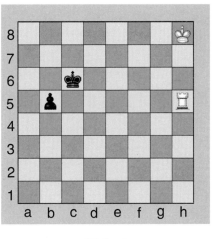

图 3-6

黑兵如在无王保护的情况下前进将被捉死。黑方如走 b4，则 王 g7，b3，车 h3，b2，车 b3，黑兵受困。现在黑方用王来支持兵前进，白方也必须用王来帮助自己的车。

② 王 g7 王 a5 ③ 王 f6 王 a4

④ 王 e5 b4 ⑤ 王 d4 b3

⑥ 王 c3（白胜）

由本例可知，当弱势方的王位于兵的后面时，优势方的车只要在第 5 横线（如黑方为强方则为第 4 横线）切断弱势方王的前进路线就能取胜。这是可以迅速判明这种局面胜和关系的一个法则。

局例二

如果弱方的王在兵的前面，那么胜和的关键往往在于优势方的王能否守住升变格。如图3-7，其胜和关系取决于兵到达底线之前白王能否赶到d2格。如果白方先走，白王正好能及时赶到，着法如下。

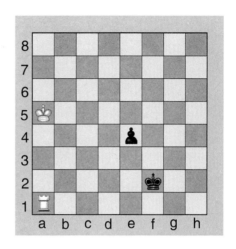

图 3-7

① 王 b4　　e3

② 王 c3　　e2

③ 王 d2（白胜）

如果黑方先走，那么就是和棋，着法如下。

① ……　　e3　　　　② 王 b4　　e2

③ 王 c3　　e1（后）

双方和棋。

局例三

如图3-8，胜与和取决于一先。当白方先走时，能阻止黑兵升变，则白方可胜。

① 王 d6　　e3

② 王 d5　　e2

③ 王 d4　　王 f3

④ 王 d3　　王 f2

⑤ 王 d2（白胜）

如果黑方先走，则可以守和。

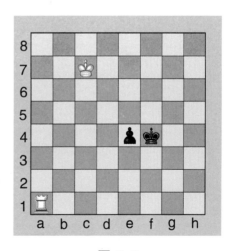

图 3-8

① ……　　e3　　　　　② 王 d6　　e2

③ 王 d5　　王 e3　　　④ 王 c4　　王 f2（和棋）

局例四

如图 3-9，因为有黑王阻拦，白王只能用迂回的方法接近黑兵。

① 王 d6　　g4

黑方不能阻止白王的回防。如走王 e4，白方则车 g7，王 f4，王 d5，g4，王 d4，王 f3，王 d3，g3，车 7f+，王 g2，王 e2，白胜。

② 王 d5　　王 f4

③ 王 d4　　王 f3

④ 王 d3　　g3　　　　⑤ 车 f7+　　王 g2

⑥ 王 e2（白胜）

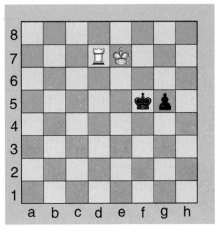

图 3-9

局例五

在图 3-10 的局面中，如果白王立即靠近黑兵，黑方可利用白方车位的弱点，赢得时间成和，着法如下。白方 王 f7，则 e4，王 e6，e3，王 f5，e2，王 f4，王 d3，王 f3，王 d2，和棋。因此，白方应先把车调到有利的位置，然后再走王。

① 车 d1+　　王 c3

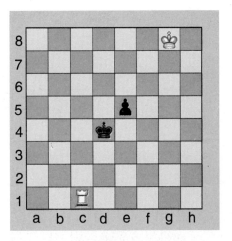

图 3-10

② 车 e1　　王 d4　　③ 王 f7　　e4

④ 王 e6　　e3　　⑤ 王 f5　　王 d3

⑥ 王 f4　　e2　　⑦ 王 f3（白胜）

由以上例子可知，胜或和常常取决于一先。在残局中，能否争取到一先是取得胜利的关键。

局例六

我们来看一个因王和车的位置很差反而输棋的例子。如图 3-11 的局面中，黑王阻碍了己方车的活动，因而无法阻止白兵升后。

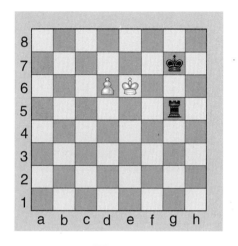

图 3-11

① d7　　车 g6+

黑方不能阻止白兵，剩下的手段只有照将。

② 王 e5！

正确的应着。如改走王 e7，则车 g1！d8（后），车 e1+，王 d7，车 d1+，和棋。同样，若走王 d5 也不行，黑方可车 g1，接下来有车 d1+ 的威胁，也是和棋。

② ……　　车 g5+　　③ 王 e4　　车 g4+

④ 王 d3　　车 g1　　⑤ 王 c2

白王必须小心翼翼地通过 d 线，使黑方没有把车调到 d 线来挽救败局的机会。

⑤ ……　　车 g2+　　⑥ 王 c3　　车 g3+

⑦ 王 c4　　车 g4+　　⑧ 王 c5　　车 g5+

⑨ 王 c6　　车 g6+　　⑩ 王 c7

兵必升后，白胜。

<h1>第三节　象或马对兵</h1>

象对单兵，一般是和棋。但有兵的一方在极特殊情况下，会有获胜的机会。

马对兵与象对兵相比，能力上要差些，但如王能参加防御，一般也可和棋。而当马方子力位置不好，或马孤军作战时，也时常会输棋。另外，在极特殊情况下，马方反而能巧胜。

局例一

如图 3-12，白先。这是一则排局，黑方象被己方王阻碍，而白方先走，白王可限制黑象的活动，使黑方无能为力，只能"望兵兴叹"。

① 王 e4！　象 h4　　　② 王 f3！

兵必升后，白胜。

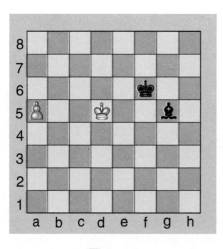

图 3-12

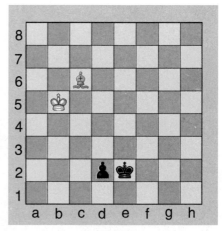

图 3-13

局例二

如图 3-13，虽然黑兵即将升后，但白方先走有巧着解救。

① 象 e8！　　d1（后）　　　② 象 h5+（和棋）

局例三

如图 3-14，白方先行。现在白兵已冲到 7 线，但黑马在没有王的支持下，仍可以守和。

① 王 e6　　马 c8　　　② 王 d7　　马 b6+

③ 王 c6　　马 c8　　　④ 王 b7　　马 d6+

黑马与白王如此周旋，白方无计可施，和棋。

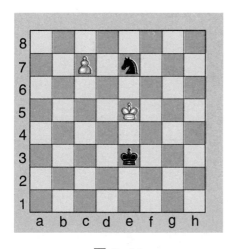

图 3-14

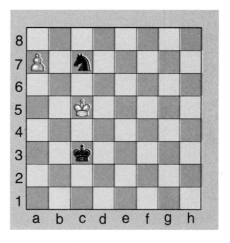

图 3-15

局例四

如图 3-15 局面，白方先行。由于黑马被逼到了角格，无法与白王周旋，马将被活捉，因此，兵方获胜。

① 王 c6　　马 a8　　　② 王 b7（白胜）

局例五

如图 3-16 局面，白先。黑王在 e5，结果如何呢？

① 王 c6　　马 a8

② 王 b7　　王 d6！

③ 王 × a8　　王 c7

黑方王、马配合默契，白方虽得马但王被困在角格，形成无子可动的局面，和棋。

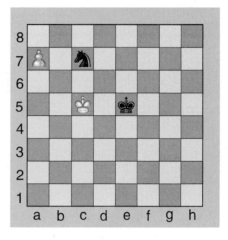

图 3-16

局例六

如图 3-17，黑先。白王在兵附近掩护着兵，看似黑马无法攻击白兵，形势危急，但仍可有和棋之道。

① ……　　马 d3！

迂回战术，以退为进。

② b6

白方如改走王 d5，则王 f3，王 d4，马 f4，b6，马 e6+，下一回合再马 d8，和棋。

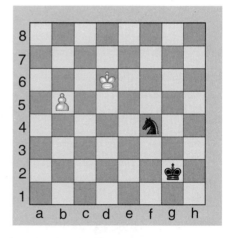

图 3-17

② ……　　马 b4　　　　③ b7　　马 a6

黑马及时赶到 a6，形成必和的局面。

如果把本局面中的所有子力向左平移一条直线，由于黑马不能进入 b6 或 c7 阻拦白兵升变，因此黑方无法守和。

局例七

我们来看一个马方巧胜单兵方的例子。如图3-18，黑先。白王被锁在边角，黑方以准确的着法，巧杀白王。

① ……　　　马 b5+ ！

② 王 a8　　王 c8 ！

③ a7　　　马 c7（黑胜）

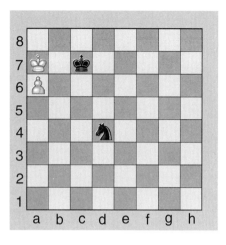

图 3-18

第四节　后对车

单后一般能胜单车。胜法很简单，首先用后和王逼近对方的王和车，逼到任意一个盘角都可，然后再迫使对方的王和车分离。当对方处于受逼或逼走劣着的局面时，有后的一方可用抽将得车或直接用后把对方的王将死。

局例一

如图3-19，是后胜车的典型实例。黑方处于被动局面，黑车被迫与黑王分离。否则，如黑王走a6，则白后c8，白胜；如走车b8，则白后a5杀；如果黑方走车b4，白后a5或后e7+，照将抽车；如果黑车b2

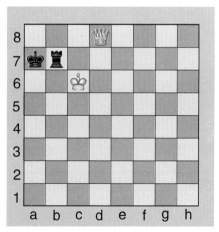

图 3-19

或车 g7，白后 d4+ 抽车。黑方只有车 b3、车 f7、车 b1 和车 h7 这四种应法可以一试了。但是，这四种应法中，无论哪一种，白后在一系列连将以后都能把黑车抽吃掉，具体着法如下。

着法 1：

① ……　　　　车 b3　　　　② 后 d4+　　王 b8

③ 后 f4+　　王 a7　　　　④ 后 a4+（白方抽车胜定）

着法 2：

① ……　　　　车 f7　　　　② 后 d4+　　王 b8

③ 后 b2+　　王 a8　　　　④ 后 a2+　　车 a7

⑤ 后 g8（白胜）

着法 3：

① ……　　　　车 b1　　　　② 后 d4+　　王 b8

③ 后 h8+　　王 a7　　　　④ 后 h7+（白方抽车胜定）

着法 4：

① ……　　　　车 h7　　　　② 后 d4+　　王 b8

③ 后 e5+　　王 a7　　　　④ 后 a1+　　王 b8

⑤ 后 b1+（白方抽车胜定）

本例局如改为白方先行，必须注意不要把后移近黑方。例如白后 c8，黑可车 b6+，白被迫王 c5 退王，如误走王 c7，则车 c6+！黑方送车将，可形成逼和。

其实，改为白先时，白方只需采取转移走子权的战术，用后走一步等着，逼迫黑方先行，即可取胜，试举一例。

① 后 d4+　　王 a8　　　　② 后 h8+　　王 a7

如黑车 b8，则白后 a1 杀。

③ 后 d8

轮到黑方走子，白方胜定。

局例二

如图 3-20，是后对车残局中白后逼王的典型走法。

① 后 f6+　王 e8

② 后 h8+　王 f7

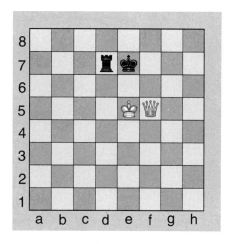

图 3-20

白方如果王 e6 就大错，因黑方可车 d6+ 送车，立刻成逼和。总之，在类似局面中，白方应时刻警惕，不给黑方逮住逼和的机会。

③ 后 c8　王 e7　　　④ 后 g8　车 c7

黑车如在直行上退却，则输得更快。例如改走车 d3 或车 d2，白方可对应走后 h7 和后 g5 即可抽车。而如果黑方走车 d1，则后 g5+，王 f8，后 f4+，王 e7，后 h4+，王 f8，王 e6！黑方不是丢车就是被将死。

⑤ 后 g7+　王 d8　　　⑥ 后 f8+　王 d7

⑦ 王 d5！　车 b7

黑方被迫把车和王都向左移动一格。如黑车在直行方向活动，白方都可用后照将抽车。

⑧ 后 f7+　王 c8　　　⑨ 后 e8+　王 c7

⑩ 王 c5　车 a7　　　⑪ 后 e7+　王 b8

⑫ 后 d8+　王 b7　　　⑬ 王 b5　车 a8

⑭ 后 d7+　王 b8　　　⑮ 王 b6（白胜）

局例三

如图 3-21，是黑方利用白方后、王位置不佳而巧妙逼和的实例，对有后一方来说，应引以为戒。

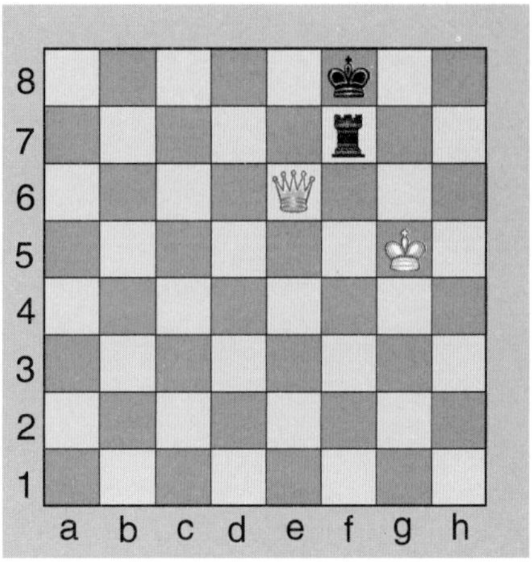

① …… 车 g7+

② 王 f5 车 f7+

如白王 f6，则黑车 g6+ 逼和。

③ 王 g6 车 g7+

④ 王 h6 车 h7+！

黑车长将，如白王吃车，则同样成逼和。

图 3-21

第五节 后对象或马

后对象取胜很容易，取胜方法和单后杀王相似，只需注意后和己方王不要同时进入象的同色格，以防被将军抽后。

局例一

如图 3-22，白先。

① 后 g5 王 e6

② 王 e4 象 d6

③ 后 f5+ 王 e7

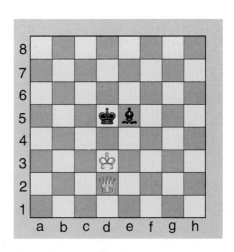

图 3-22

④ 王 d5　　象 c7　　　　⑤ 后 e6+　　王 d8

⑥ 王 c6　　象 b8　　　　⑦ 后 d7（白胜）

后对马取胜也很容易，只需注意不要让马有将军抽后的机会。

局例二

如图 3-23，白先。

① 王 b2　　王 d5

② 王 c3　　马 e4+

③ 王 d3　　马 c5+

④ 王 e3　　马 e6

黑方尽力使马和王保持联络，否则输得更快。

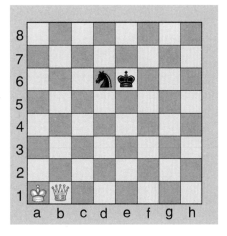

图 3-23

⑤ 后 f5+　　王 d6

⑥ 王 e4　　马 c5+

⑦ 王 d4　　马 e6+　　　　⑧ 王 c4　　马 c7

⑨ 后 c5+　　王 d7　　　　⑩ 后 b6　　马 e6

⑪ 王 d5　　马 c7+　　　　⑫ 王 e5　　马 e8

⑬ 后 e6+　　王 d8

白方王、后紧密配合把黑王逼到底线。

⑭ 后 f7　　马 c7　　　　⑮ 王 d6　　马 b5+

⑯ 王 c5　　马 c7　　　　⑰ 王 c6

以下白方同时有后×c7 或后 d7 的棋，黑方无法兼顾，白胜。

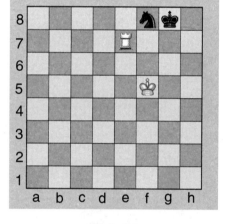

第六节　车对马

车对马残局，车方不是必胜的，但马方的防御必须非常精确，否则如被逼得马与自己的王分离或马陷入盘角，车方就有胜机。

局例一

如图 3-24，黑马紧挨黑王，位置有利，只要黑方应对正确，可成和局。

① 王 f6　　马 h7+

这是黑方唯一正确的应着。如误走王 h8，则车 e8，王 g8，车 d8 得马，白胜。

② 王 g6　　马 f8+

③ 王 h6　　王 h8

④ 车 f7　　王 g8！

如黑马 e6，则白车 f6，黑方立败。

⑤ 车 g7+　　王 h8　　　　⑥ 车 g1　　马 d7！

图 3-24

白方似乎已有成功的希望，但黑方仍有谋和的手段，马 d7 是黑方当下唯一的正着。如改走他着，白方都有机会取胜。如走马 h7，则王 g6，王 g8（如马 f8+，则王 f7，马 h7，车 g8 杀），车 g2，马 f8+，王 f6+，下一回合王 f7，白胜。又如改走马 e6，则王 g6，马 f8+，王 f7，白胜。

⑦ 王 g6　　王 g8　　　　⑧ 车 g2　　王 f8（和棋）

从本例局中我们不难看出，在车对马的残局中，马方的王被逼到盘边并没有输棋的危险。但是在马和王的位置都不好时，车方就有赢棋的办法了。

局例二

如图 3-25，黑马处于棋盘角上一个很糟糕的位置，白方可胜，着法如下。

① 车 d7　王 b8

② 王 b6　王 a8

③ 车 h7　马 d8

④ 车 h8

黑方丢马，白胜。

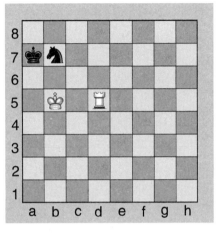

图 3-25

局例三

当马与王分离时，车方也有胜机，其方法是借机捉吃对方的马，或者在对方的王孤立无援时，用车直接把它将死。

如图 3-26，黑马与王已被分割，白方的任务是防止黑马与王重新会合，同时寻机捉死黑马，着法如下。

① 车 e4　马 d1

如黑马 g2，则白方接下来

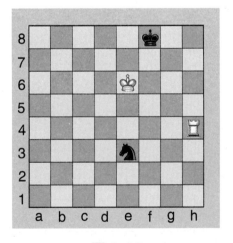

图 3-26

的三个回合分别走 王 f6，王 g5，车 e2 即可捉死马；而黑方如走马 c2，则 王 d5，马 a3，王 c5，马 b1，王 b4，马 d2，车 f4+，王 e7，王 c3，马 b1+，王 b2，马 d2，王 c2，白方同样捉死马。

② 车 f4+　　　王 g7　　　　③ 车 f3　　　王 g6

黑马又被赶回 1 线，与黑王分离更远，以下白方的任务是继续追捕。

④ 王 e5　　　王 g5　　　　⑤ 王 d4　　　王 g4

⑥ 车 f1　　　马 b2　　　　⑦ 车 b1　　　马 a4

⑧ 车 b4

捉死黑马，白胜。

这里要强调一下的是，当白王与黑马在同一条线路上相隔两格时，黑马的活动范围最小，最易被捉死。

第七节　车对象

车对象残局通常都成和局，但同车对马的残局不一样，象方不必担心被逼到棋盘边上，因为即使如此，只要采取正确的防御手段，象方也能免遭败局。象方谋求和局的要诀是：王被迫后退时，一定要力求退到与象的色格颜色不同的盘角。

局例一

如图 3-27，是车对象残局的一个关键局面。黑王处于棋盘上的安全角，结果是和局。因为如白车前进一格牵住黑象，

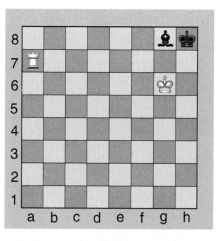

图 3-27

则成逼和；如白车退至底线，准备照将并强迫黑象垫将，黑方可象 h7 照将，以下王 h6，象 g8，仍是和局。

局例二

本局介绍车对象残局中象方防御失败的实例。如图 3-28，黑先。本例中黑王位置不好，处于危险角，因此白方能胜。

① …… 象 g1

黑象必须躲藏起来，否则白方可车 d7，象 b6，车 b7，象 c5，车 b8+，象 f8，车 a8，白方胜定。

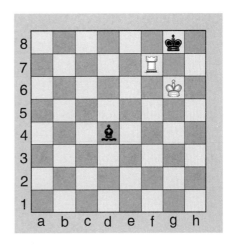

图 3-28

② 车 f1　　象 h2

③ 车 h1　　象 g3

④ 车 g1　　象 h2　　　⑤ 车 g2！　象 e5

尽管黑方竭力防御，白方还是成功地逼黑象离开了安全位置。以下的着法就十分简单了。

⑥ 车 e2　　象 d6

⑦ 车 e8　　象 f8

⑧ 车 d8　　王 h8

⑨ 车×f8（白胜）

当象与王分离时，车方也有可能取胜。如图 3-29，白方只需走王 f3 即胜。黑象无论躲向何处，白方均可将其抽吃。

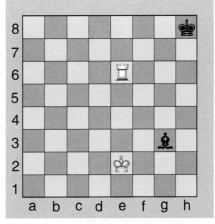

图 3-29

第八节 兵类残局

对局进展到残局阶段，有时一方剩下单王，另一方除了王以外，还保留一个兵，这时形成的王对单兵残局，是兵类残局的一个基本定式。有兵的一方能否取胜，取决于兵能否成功地升变为后。

一、方形区战术

有一种情形是对方的王离兵远，兵不用依赖己方王的支持，独自前进即可升变为后。这时一般都要计算一下步数，看自己的兵在前进的过程中是否会被对方王赶上并吃掉。但一着一着地计算步数太过繁琐，这里介绍一个简便而又准确的计算法则，叫作"方形区战术原则"。

局例一

如图 3-30，白兵在 b3，白王在 h1，黑王在 h7。从 b3 格到升变格 b8，共有 6 格。我们以这 6 格为正方形的一边在棋盘上作一正方形 b3-b8-g8-g3。

如果对方的王已在方形区内，或能及时赶到方形区内，那么就能吃掉这个兵。反之，对方的王追不上兵，兵就能独自前进并顺利升变为后了。

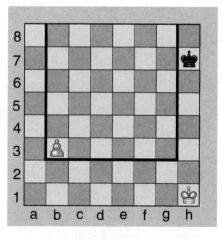

图 3-30

在本例局面下，如由白方先行，白方即可挺兵长驱直入，进到底格变后，黑王追不上，白胜。具体着法如下。

① b4　　　　王 g7　　　② b5　　　　王 f7

③ b6　　　　王 e7　　　④ b7　　　　王 d7

⑤ b8（后），形成单后胜单王的局面。

但如由黑方先行，黑王一步就可以进入方形区，即能追上白兵，白兵升不了后，成和局。

计算方形区的范围时，必须注意到在原位未动的兵一着可进两格的可能性。例如图中的白兵如位于 b2 格，它的方形区也是 b3-b8-g8-g3。

二、对王战术

王对单兵这类残局，如果对方的王距己方的兵近，在兵的方形区内，兵的挺进和升变要有王的支持。而前进中的兵能否升变为后，关键要看能否主动"对王"。所谓对王，是双方的王在同一条直线或横线上，相隔一格正面相对的形势。下面举例说明对王战术的妙用。

局例二

如图 3-31，双方的王处在对王状态。这时如果白方先走，实际上是黑方主动对王，可成和局。具体着法如下。

① d7+　　　王 d8

② 王 d6

黑方无子可动，形成逼和。

如由黑方先走，实际上是

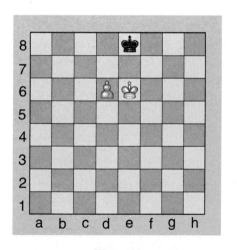

图 3-31

白方主动对王，因此是白方胜。

具体着法如下。

① …… 王 d8 ② d7 王 c7

③ 王 e7

下一着白兵进至 d8 升后，白胜。

局例三

以上是白兵和白王在第 6
横线时的情形。如果兵未进到
第 6 横线，则结果与上例不同。
如图 3-32 局面，因黑王有充分
的活动余地，可及时采用对王
的战术求得和局，试举一例。

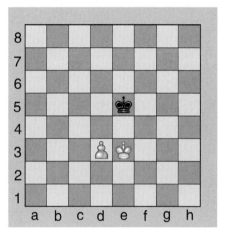

图 3-32

① d4+ 王 d5

② 王 d3 王 d6

③ 王 e4 王 e6！

黑方主动对王。

④ d5+ 王 d6 ⑤ 王 d4 王 d7！

⑥ 王 e5 王 e7！

又是主动对王。

⑦ d6+ 王 d7 ⑧ 王 d5 王 d8！

黑王保留主动对王机会，此时如错走王 e8，则白王 e6！白胜。

⑨ 王 e6 王 e8！ ⑩ d7+ 王 d8

⑪ 王 d6

黑方无子可动，逼和。

本例棋形是局例二中子力整体下移三格的结果，当然也同样适
用于整体局面下移一格的情形。

局例四

白王在白兵前面，领着白兵前进，则对白方有利。如图3-33这个局面，此时如白方先走，白方只需走王d5对王，即可获胜。

如改黑先，黑方同样可以王d6对王，则可成和棋。

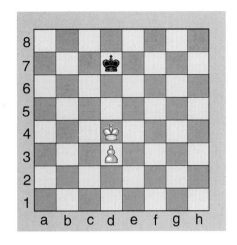

图 3-33

局例五

如图3-34，不论哪方先走，都是黑负。具体着法如下。

白先：

① 王 e6（对王）　王 d8

② 王 f7　　　　王 d7

③ e6+　　　　王 d8

④ e7+　　　　王 d7

⑤ e8（后）+（白胜）

黑先：

① ……　　　　王 d8

② e6　　　　　王 e8

③ e7　　　　　王 f7　　　　④ 王 d7

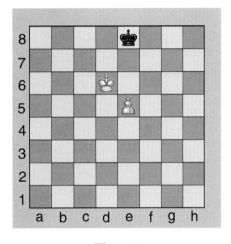

图 3-34

夺得升变格，白方胜定。

从以上这类残局可以看出，是胜是和，关键要看哪一方主动对王，有兵方主动对王可胜，无兵方主动对王可和。

三、争夺升变控制格

单兵对王的残局，如单兵的位置在边线，例如在 a 行或 h 行，这时对方的王只要不离开盘角或位于相应的边线上顶住单兵，单兵方即便有王的支持，甚至造成主动对王的局面，结果也是一盘和棋，即可演变成无子可动的逼和。如单王不在盘角，单兵正在自己一方王的配合下向盘角的升变格进军，准备变后。这时，单兵方能否取胜，取决于自己的王能否及时夺取升变控制格，并支持边兵升后。而单王方能否谋和，取决于它本身能否及时赶到相应的盘角，阻止对方边兵升后。

局例六

如图 3-35，b7 格就是 a 行兵升变的控制格，因此双方应力争夺取这一升变控制格。具体着法如下。

白先：

① 王 b6　　王 d7

② 王 b7

白王及时抢占升变控制格，以下 a4 兵冲到底线变后即胜。

黑先：

① ……　　王 d7　　② 王 b6　　王 c8

黑王及时赶到 c8 格，看住升变控制格。

③ a5　　王 b8　　④ a6　　王 a8

⑤ a7

黑方无子可动成逼和。

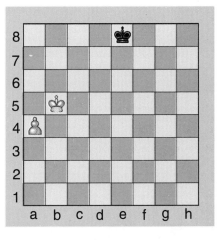

图 3-35

四、逼走劣着

王兵对王兵的残局，胜负取决于双方的兵和王的位置。如双方的兵都是通路兵，则要比拼谁家的兵先变为后。如双方的兵互相对顶，形成对头兵，胜负取决于双方王的位置，看谁家的王能及时赶到，抢先吃掉对方的兵，并支持自己的兵变后。

局例七

如图3-36，双方的王位于对头兵两侧。白方兵高，压住黑兵，白王的占位极佳。这时不论谁先，都是白胜。

白先：

① 王 e7

黑王受逼，白胜。

黑先：

① ······ 　　王 c8

② 王 × d6 　王 d8

③ 王 e6 　　王 e8

④ d6 　　　王 d8

⑤ d7 　　　王 c7

⑥ 王 e7

下一着 d7-d8 变后，白胜。

局例八

如图3-37，双方的王位于对头兵两侧相隔一格的地方。

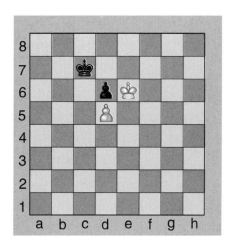

图 3-36

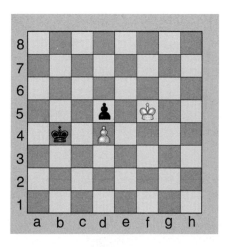

图 3-37

双方的位置关系是相同的，此时先行的一方胜。

白先：

① 王 e6　　王 c4　　　　② 王 e5　　王 c3

③ 王 × d5

白方得兵后，白王让开通道，支持白兵变后即可胜。

黑先：

① ……　　王 c3　　　　② 王 e5　　王 c4

白方受逼走劣着，黑胜。

综合练习（三）

以下各题均为白先。请写出白方取胜的着法。

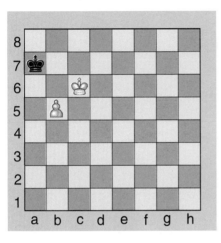

第 1 题

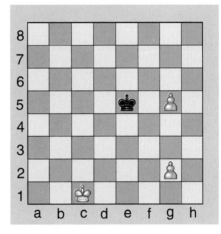

第 2 题

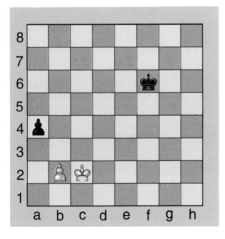

第 3 题

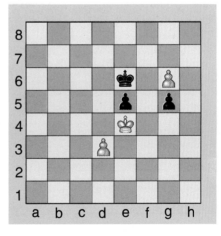

第 4 题

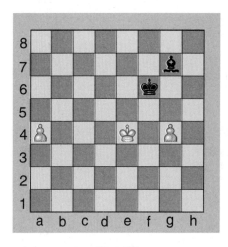

第 5 题

第 6 题

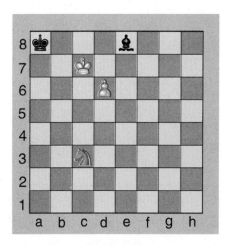

第 7 题

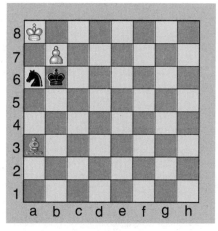

第 8 题

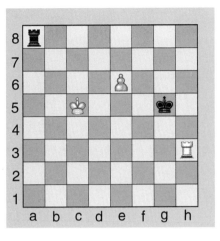

第 9 题

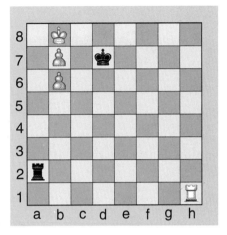

第 10 题

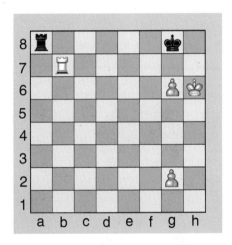

第 11 题

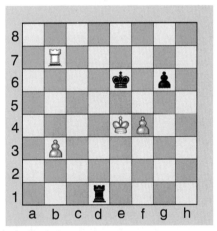

第 12 题

第四章

开局基本技巧

　　每局棋的开始阶段称为开局，或称布局，通常指一局棋的前 10～15 回合。在这个阶段里，即进入中局决战或主要战役之前，双方的主要任务是尽快出动或部署自己的子力，抢占中心和战略要点，形成有利的兵阵和子力协同，争夺子力活动的空间和主动权。它的任务是为下一阶段的战斗进行阵地的准备和子力的部署。

开局是全局的基础，它的重要性是不言而喻的。开局形势的好坏，对中局的战斗，乃至全局的胜负都有着很大的影响。因此，如同在战争中的序战或初战一样，每一着都必须慎重。开局阶段，从走第一步棋开始，就应以坚定的信念去力争胜利，树立明确的战略目标，制订切实可行的战略计划去动员子力，争先占位，把握棋局斗争中的主动权。开局中的一步错着或失着，直接导致棋局速败的情况，在高水平棋手的对局中也并不罕见。

下面来看一个例局，双方选择的是意大利布局的一个常见变例。

① e4　　　　e5　　　② 马 f3　　　　马 c6

③ 象 c4　　　象 c5　　④ c3　　　　　马 f6

⑤ d4　　　　e×d4　　⑥ c×d4　　　象 b4+

⑦ 象 d2　　　象×d2+　⑧ 马 b×d2　　d5

⑨ e×d5　　　马×d5　　⑩ 后 b3

黑方一般接走⑩ …… 马 ce7，巩固 d5 马的地位，可以取得均势。但在 1965 年中苏友谊赛中，前苏联的国际特级大师克罗基乌斯执黑棋对中国刘文哲的一局中，却采取先弃后取的战术，选择了一种非常规的下法。

⑩ …… 　　　　0-0

如图 4-1，实战证明，他这一步棋是错着，其结果是不

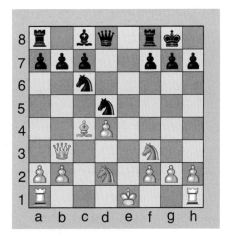

图 4-1

出几个回合便陷入了被动的局面。尽管克罗基乌斯仗持高超的技艺和丰富的实战经验，在中局阶段顽强应付，然终因开局失先过多而无法挽回败局。下面请看续战着法。

⑪ 象×d5　马 a5　　　　　⑫ 象×f7+　车×f7

⑬ 后 c3　车 e7+　　　　　⑭ 马 e5　马 c6

⑮ 马 f3　马×d4　　　　　⑯ 后 c4+　马 e6

白后照将一着，非常适时和有力，迫使黑马不得不退至 e6，从而忍受白后长时间的牵制，至此黑方已处于全面被动。如果黑方第 16 回合改走王 h8，则 0-0-0，白方长易位以后，用车牵住黑方马后两子，即可得一子。

⑰ 0-0　王 h8　　　　　⑱ 车 ad1　后 e8

至此，形成如图 4-2 的局面，白方的优势已十分明显。双车双马一后，五子密切配合，形成理想的子力协同，开始对黑方王翼展开攻势。反观黑方，全部子力均处于消极防御的位置，尤其是后翼的出子大大落后，8 线的车和象两子尚处原始位置未动。接着白方就发挥开局阶段建立的优势，大举进攻。

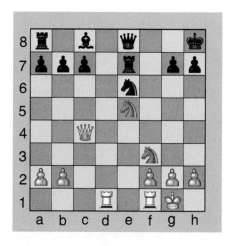

图 4-2

⑲ 后 h4！　王 g8　　　　⑳ 后 c4　王 h8

㉑ 车 fe1　马 f8　　　　㉒ 马 g5　象 e6

㉓ 马×e6　马×e6　　　　㉔ 车 d3　b5

㉕ 后 h4　王 g8　　　　㉖ 马 c6　车 f7

㉗ 后 e4　车 f6　　　　㉘ 后 d5　后 f7

㉙ 马 e7+　后×e7　　　　㉚ 后×a8+

白方抽将得子胜定，下略。

以上例局足以说明，开局在全局中的地位举足轻重，开局阶段的每一步棋都与全局息息相关，一步走错，小则陷入被动，大则失兵、失子、陷入劣势，中残局时就十分难走。在对方接下来步步走出官着的情况下，往往难逃败局。如果走了大的错着、失着或漏着，或者正好中了对方预先设计的圈套，跌入陷阱，那么情况就会更坏。多半用不着进入中局的后半段，就得缴械投降。因此，对开局的着法和理论绝不能等闲视之。

第二节　开局基本要素

开局时，双方都迅速出动己方的棋子到最有利的位置上去，同时尽可能抢占主动并取得子力的协调。所以开局不仅是中局的准备阶段，同时本身也是一种角逐。开局的优劣对于中局起着很重要的、有时甚至是决定性的作用。因此我们要对开局的几个基本要素有充分的理解。

要素一：中心格

在国际象棋的棋盘上，共有 64 个方格，它们的重要性并不都是一样的。其中，d4、e4、d5、e5 这四个方格特别重要，我们称之为中心格，如图 4-3。

任何一个棋子，如果把它放在中心，就能发挥最大的威力，

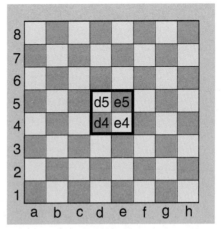

图 4-3

并且可以很方便、很快地调动到棋盘的任意一侧去。把放在棋盘中心的棋子和放在棋盘边上以及盘角上的棋子相比较，就可以看出中心棋子的作用和威力。

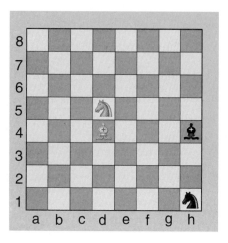

图 4-4

如图 4-4，先比较一下两个马的威力。显而易见，在棋盘角上的黑马只能进到两个格子，而位于棋盘中心的白马却能有 8 个格子可以走。再比较一下两个象的作用。位于棋盘边上的黑象只能控制 7 个格子，而位于中心的白象却能控制 13 个格子。

占有中心的一方可以很容易地把自己的棋子调动到两翼，而对方则无此优越条件，棋子的力量分散，且活动范围大受限制。

但应当注意的是，对中心格子施加压力或者说控制中心，比直接地占据中心往往更为有力。这一新的概念更加丰富了现代国际象棋布局中争夺中心的理论和相应的手段。

要素二：两翼

如图 4-5，a、b、c 三条直行组成的一翼，称为后翼，f、g、h 三条直行组成的另一翼，称为王翼。

棋盘上，除了中心格子和边角的格子存在一定的区别以外，两翼即王翼和后翼之间也互有区别。这个区别取决于最

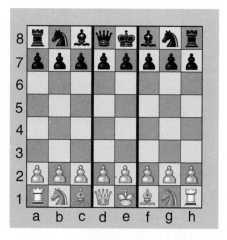

图 4-5

重要的两个棋子，即王和后之间的相互位置关系。

看一下开始走棋时的阵势就很容易发现，双方阵营中最容易被攻击的弱点就是王翼的 f2 和 f7，这两个据点都只有王在加以保护。

国际象棋的初学者往往一上来就想用① e4、② 象 c4、③ 后 h5 的着法来攻击对方的王。这种倾向是由于在开局阶段就想利用对方最易攻破的弱点而下意识地形成的。

类似这样的攻击，自然是极易被化解。而且对于攻击的一方也极为不利。有不少有趣的布局配合杀法可以攻击这些弱点。各种开局差不多都从类似这样的例子开始。

由于王与后在对局开始时所占位置的不同，因此进"王前兵"和进"后前兵"这两种开局有很大的区别。

第一步进"王前兵"即进 e 兵（① e4）的开局，可以较快地进行王车易位，因而可以比走① d4（进"后前兵"）更早地完成调动子力的阶段。这时，为争夺中心格而进行的对弈也就带有不同的性质。在① e4　e5 和① d4　d5 这两类开局中，黑方一般都力图在控制中心区域的争夺中取得均势，但是以后继续争夺中心的行棋则具有许多不同的形式。当然，双方（首先是掌握先着之利的白方）都竭力设法消灭对方的中心兵，以便在中心取得一定的优势。

在① e4　e5 这类开局中，由于 d 线有后的支持，白方较易采取 d2-d4 的着法在中心打开战局。但是，黑方同样也具有进行中心反击（即走 d7-d5）的可能性。因此在① e4　e5 这类布局中，中心兵常常会在很短的时间内被全部兑光，而形成中心无兵的"开放中心"阵势。

相反，在① d4　d5 这类布局中，白方走 e2-e4（或黑方走 e7-e5）是相当困难的，因此，中心阵地在相当长的时间内将是封闭性的。

在① d4　d5 以后，用 c2-c4（指白方）或 c7-c5（指黑方）从后翼攻击中心是极为有效的战术手段。但在① e4　e5 这类布局中，想进行类似的侧翼突破而走 f2-f4（指白方）或 f7-f5（指黑方），却带有很大的冒险性，因为这将使王翼的防御大为削弱。

因此，布局时王翼一侧容易呈现活跃而紧张的特点，并能较迅速地展开子力攻击，而后翼一侧则相较而言要迟缓一些。这一点对开局理论的发展有着重要的影响。

要素三：棋盘的分界线

如图 4-6 所示棋盘上的黑线，称为棋盘的分界线。这条分界线把棋盘分成两个等分，它是判明双方在对局过程中所占空间大小的一个依据。

通常占地大的一方，各子调动的灵活性也大。因此，某一方的棋子越过分界线，并能进而巩固其阵地时，就具有一定的优势，这就是空间（地盘）

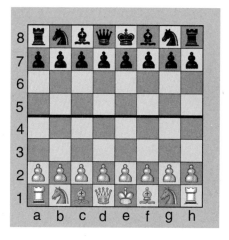

图 4-6

优势。同样，失去相当大部分的空间或地盘，也常常导致陷入被动和劣势。

但是，我们也不能把空间和棋盘上复杂的局势分割开来。恰恰相反，对它的作用的估计应当和全部子力的形势密切联系起来。过早地夺取空间或夺取空间的目的不明确，都是不利的。

空间的大小从开局的几个回合起就具有重要的意义，并且和棋盘中心的形势密切相关。

下面我们一起来看一个典型的例局。

① e4　　　　e6　　　　② d4　　　　d5

③ 马 c3　　　马 f6　　　④ 象 g5　　　象 e7

⑤ e5　　马 fd7　　　⑥ 象 × e7　后 × e7

⑦ f4　　　a6

黑方一般在此时会选择 0-0，有取得均势的机会。

⑧ 马 f3　　c5

如图 4-7，这时白方在王翼已经占得相当大的空间，黑方如不走 c5 进行后翼突击，则很难再有反击的机会。但是这样一来，兑兵以后白方中心的 d4 格位上却出现了强有力的前哨子。

⑨ d × c5　　后 × c5

⑩ 后 d4！

白后开出，白方牢牢地夺取了 d4 格。

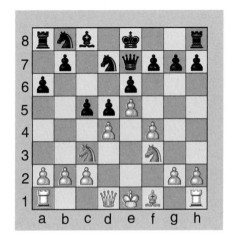

⑩ ……　　马 c6

⑪ 后 × c5　马 × c5

⑫ 象 d3　　王 e7

⑬ 马 e2！

下一着再马 ed4，白方在布局阶段占得明显优势。

图 4-7

要素四：布局时的出子

开局时最重要的任务是迅速出动棋子。通过出子占位夺线，夺取或控制中心。开局阶段和一局棋的其他阶段一样，每一步棋都是十分宝贵的。一般应力求避免出现重复的着法或走无用的废着。弱子（马、象）应当先出动，强子（车、后）应当缓出动，以免强子受攻而失先手。

在开局和中局阶段，王的威力较弱，它很容易成为对方攻击的目标。因此开局时必须及时进行王车易位，让王远离中心。中心是双方首先发生冲突的地区，中心阵地最容易被突破。

通常在开局的前几个回合，最好把主要的注意力放在完成开局的基本任务（即调动子力、夺取中心）上，而不要把自己束缚于必走的应着上。一般应避免过早地确定中心的结构或进行有损于调动子力这一基本任务的子力交换。下面介绍"西西里防御"体系中的一个变例的前几个回合，加以说明。

① e4　　　　c5　　　② 马 f3　　马 c6

③ d4　　　　c×d4　　④ 马×d4　马 f6

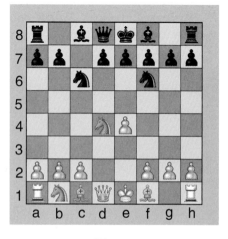

如图 4-8，黑方下一着准备马吃中兵，对中心格子施加压力。毫无疑问，此时白方最有力的应着是马 c3。这步棋有两个作用，一方面把自己的棋子调到最有攻势的位置，另一方面又加强了白方对中心的控制。

用其他应着来保护这个兵效果都不会好。比如走 f3，将过早地削弱白方自己的王翼；

图 4-8

而马×c6，b×c6，象 d3 或马 d2，都只能使黑方加强对中心的控制。

在"法兰西防御"中，人们对于白方在① e4　e6，② d4　d5，后用③ e5 立即占取地盘的下法争议很多。这时中心的阵地变成封闭性的，而且在黑方还没有完全开出子力之前，就出现了破坏白方兵中心的有效方法。从而常常使黑方在很短的时间内就攫取很好的机会并夺得了主动权。

以上述西西里防御为例再续演一个回合：⑤ 马 c3　d6，⑥ 象 c4 进行攻击。此时不难看出，双方的交锋已开始具有越来越具体的局面特点。

⑥ 象 c4 这一步棋符合尽快出动子力的原则，它在一定程度上

决定了下一阶段沿着 a2-g8 这条斜线进行积极进攻的计划。现在白方已经有了⑦ 马×c6 b×c6，⑧ e5！ d×e5，⑨ 象×f7+ 的进攻计划，这是黑方必须考虑到的。因此我们可以更加直观地感受到开局时迅速并适时地调动子力，能有效保证子力的活跃性。

要素五：先行的优势

在原始位置时，双方子力是自然平衡的。这一点决定了他们在开局中的机会也大致相等。

按照国际象棋规则，白方先行。先行之利对开局阶段有重大影响，拥有先行权的是白方，就决定了白方在对局开始阶段就掌握一定的主动权。这里的主动权表现为白方有优先进攻的权利以及在各种战术计划的选择中有更大的自由。

黑方不能随意行棋，在一定程度上受制于白方。黑方的行棋计划取决于白方进攻的意图。但这并不等于说，黑方只能防守而不能进攻。恰恰相反，在现代国际象棋布局中，黑方采取对攻阵式的越来越多。然而黑方的困难毕竟多些，因此在行棋时更需要格外谨慎，更需要有针对性。如果说白方错走一着要丢先失势、丧失先行的主动权，黑方若出现类似的错着，在绝大多数情况下必将导致更坏的后果。

当然，在布局阶段白方应力求巩固并扩大自己的先手或主动权，而黑方则应努力设法破坏白方的计划，并寻机反夺先手。

分析了各种不同的布局阵式以后，可以得出这样的结论，双方根据自己的意向（明显的漏着除外），在开局阶段进行争斗的结果，可能得到以下几种局面：①双方完全均势（形成静态平衡）。②白方保持某些主动权，占得不大的但却是长时期的优势。③发生复杂的动态平衡局面，这时局势的变动性大，双方机会大致均等。④在相当多的布局变例中，发生极为激烈的交锋，这时双方的机会只有进行深刻的、具体的形势分析才有可能发现。

后两种情形在现代国际象棋布局中，更为典型。

要素六：兵的布置

兵的布置结构在很大程度上决定了对弈的全部过程。

一般说来，孤立兵、重叠兵和落后兵都是弱兵，它们存在根本性的结构缺陷，常常成为对方攻击的目标。因此，凡是带有这类弱兵而又没有任何特殊补偿的局面都是不能满意的，而导致这种局面出现的布局变着目前已为开局理论所排斥。这类弱兵不仅本身力量微弱，而且在它们前面的格子也将成为弱格，变成对方棋子最易攻占的目标。

另外，王翼的兵形在防御方面起着更为重要的作用。如果采用王车长易位的着法，这时后翼的兵形在防御方面就具有更加重要的意义。总之，掩护王的兵不能随意乱挺，必须根据对方的进攻意向，采取有针对性的防御措施。

最后值得一提的是，兵的防线在布局阶段中自然不免因战略的需要分成两段或三段。一般说来，分的段落越少越好，越多越弱。

开局结束时，可能形成一翼多兵，另一翼少兵的局面。这对以后的局势尤其是残局阶段的策略关系很大。一般说来，后翼多兵的一方残局有利，往往会力求向残局过渡。这一点在制订中局计划时是必须考虑的因素。

下面谈谈如何利用对方阵地里带根本性结构缺陷的弱兵或弱格。一条通用的规律是：针对这些弱兵或弱格，进攻的一方不惜将子力作长距离的调动，去围攻这些弱兵或占领这些弱兵前的弱格。

例如"西西里防御"体系中的一个变例就是这样的，具体着法如下。

① e4　　　　c5　　　　　② 马 f3　　　马 c6

③ d4   c × d4   ④ 马 × d4   马 f6

⑤ 马 c3   e5   ⑥ 马 db5   d6

⑦ 象 g5   a6   ⑧ 马 a3   象 e6

⑨ 马 c4   马 d4   ⑩ 象 × f6   g × f6

⑪ 马 e3

如图 4-9，白马由 d4 格经
b5-a3-c4，而调到 e3，与 c3 位
白马互相配合，准备占领黑 d6
落后兵前面的 d5 格。黑方 f 线
上还有重叠兵的弱点。这两个
兵形弱点决定了白棋占有明显
的局面优势，而黑方对于自己
兵在结构部署上的弱点，没有
得到足够的补偿。

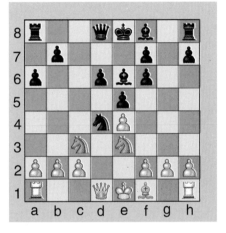

图 4-9

要素七：子力协同

棋子之间的协同，在开局时就具有重要意义。它们之间可以相
互呼应、互补短长，但若调运不利，它们也可以相互干扰、相互阻
碍或各行其是，孤军作战。

其他棋子不应妨碍兵的行进，兵也不应阻塞，己方棋子的线路，
棋子之间也不应相互妨碍，这是开局阶段子力协同的基本原则。违
反这一基本原则，局势必然要陷入被动。下面我们来看一例兵阻碍
其他棋子活动的例子。

① d4   d5   ② c4   e6

③ 马 c3   马 f6   ④ 象 g5   马 bd7

⑤ e3   c6   ⑥ 马 f3   后 a5

⑦ 马 d2   象 b4   ⑧ 后 c2   d × c4

⑨ 象×f6　　马×f6　　⑩ 马×c4　　后 c7

⑪ a3　　　　象 e7

如图 4-10，黑方的 e6 兵限制了己方白格象的活动，使其丧失了积极投入战斗的机会。

此时白方最好的走法是 g3！接下来再象 g2 以及 b2-b4，以阻碍黑象在 b7-b6 之后进入 b7 和 c6-c5 以后的积极活动。

显然，白方的一点点小优势是由棋子活动的灵活性决定

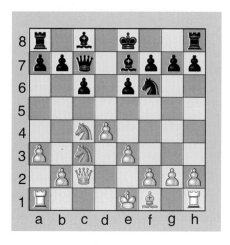

图 4-10

的。白方中心兵 d4 和其他子力相配合，限制了黑兵在中心的自由活动和布置，从而也限制了黑方棋子的展开。

上述例局中，即便黑方尚有可能逐步解放己方的白格象，往往也要为此付出相当大的代价，而使整个局势受到影响，在封闭性的棋形结构时尤是如此。

第三节　开局基本原则

根据上节关于开局基本要素的研究和分析，开局的基本原则可以归结为以下几点。

（1）尽快出动子力，占取战略要点。一般马、象这类弱子应该先出动，后、车这类强子应缓出动，避免重复或进而复退的着法，以防造成步数上的失先。

（2）争夺中心或控制中心。

（3）建立巩固的兵防，在没有足够的局面补偿下，避免在己方的阵地内出现弱兵或弱格。

（4）力求子力达到战略协同。这里的子力协同包括棋子与兵、棋子与棋子以及兵与兵之间的协同。避免互相干扰，互相阻塞或妨碍。

（5）适时地进行王车易位，使王及时转移到安全位置，以防对方的突然袭击。

关于开局的原则，以上几条是基本的，是必须遵循的。

下面介绍几个违背开局基本原则的局例，供大家借鉴。

局例一

① e4　　　b6

黑方这步棋违反争占中心的开局原则，应改走 e5、e6、c5、c6 等着法。

② d4　　　象 b7　　　③ 象 d3！　f5？

王翼黑兵冒进，削弱了对王的防御。

④ e×f5　　　象×g2?

⑤ 后 h5+　　g6

⑥ f×g6　　马 f6

如图 4-11，黑方已经十分危险，但没有意识到。白方接着走出妙手。

⑦ g×h7+！马×h5

⑧ 象 g6（白胜）

白方利用对方出子落后和王翼存在的弱点，弃后造成巧妙的闷杀！

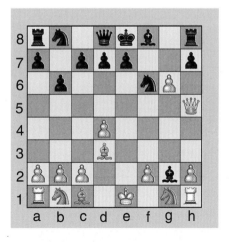

图 4-11

局例二

① e4　　　d6　　　　② d4　　　马 f6

③ 马 c3　　g6　　　　④ 象 e2　　象 g7

⑤ g4　　　h6

如图 4-12，在王兵的侧翼象防御中，白方选择了在没有进行王车易位之前，就急攻王翼的战略计划。黑方挺 h 兵阻碍白 g4 兵继续向前挺进。这一着削弱了黑方王翼的防御，不如马 a6 或 c5 更为稳妥。

⑥ h3　　　c5

⑦ d5　　　0-0?

图 4-12

白方封闭中心，正筹划攻王，黑方进行王车短易位，这是自投罗网，导致速败。

⑧ h4　　　e6　　　　⑨ g5　　　h×g5

⑩ h×g5　　马 e8?

⑪ 后 d3　　e×d5

⑫ 马×d5　　马 c6

⑬ 后 g3　　象 e6

⑭ 后 h4　　f5

如图 4-13，黑方马、象护驾来迟，现在只好进兵，为王避险争取更大的活动空间。

⑮ 后 h7+　　王 f7

⑯ 后×g6+！王×g6

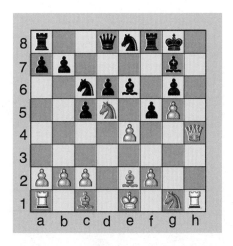

图 4-13

⑰ 象 h5+　王 h7　　⑱ 象 f7+　　象 h6

⑲ g6+　　王 g7　　⑳ 象×h6+

黑方如续走王 h8，则白走象×f8 杀。黑方认输。

局例三

① e4　　　c5　　　② 马 f3　　e6

③ d4　　　c×d4　　④ 马×d4　　a6

⑤ 象 d3　　马 f6　　⑥ 马 c3　　后 c7

⑦ 0-0　　　马 c6

至此都是开局官着。

⑧ 象 e3　　马 e5？

如图 4-14，黑马此着轻进中心，本想再进 g4 位，攻白 e3 位黑格象。但黑方没想到，白方可接走 h3 防守 g4 位，使黑方计划落空，黑马进路受阻，反而成为攻击目标。这里黑方应走象 e7、d6、0-0 等着法，先巩固自己的阵地，然后再伺机反击。

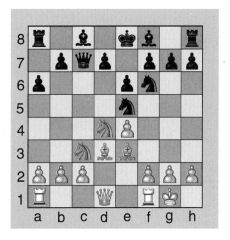

图 4-14

⑨ h3　　　象 c5　　⑩ 后 e2　　d6

⑪ f4！　　马 g6　　⑫ 车 ae1　　0-0

⑬ 王 h1　　b5　　⑭ 后 f2　　象 b7

如图 4-15，进入中局。黑方企图接走 b5-b4，从侧翼反击，驱走 c3 马，削弱 e4 白兵的防御，以图反夺中心。但这时白方见时机已成熟，进兵 f4-f5，先发制人，攻黑王翼。

⑮ f5　　　e×f5

⑯ 马 × f5　　　象 × e3

⑰ 车 × e3　　　后 d8

⑱ 后 g3　　　　d5

⑲ e5　　　　　马 e8

⑳ 马 e2　　　　象 c8

㉑ 马 ed4　　　象 × f5

㉒ 马 × f5　　　后 c7

㉓ h4　　　　　f6

㉔ h5　　　　　马 × e5

㉕ 车 × e5 !

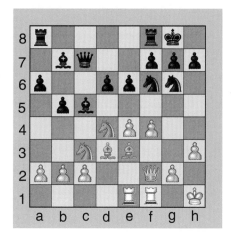

图 4-15

白方弃车杀马，妙极！黑方如续走 f × e5，白有马 h6+，王 h8，车 × f8 的杀着。黑方认输。

第四节　开放性布局

从这一节开始，我们将进行布局的学习。依据开局基本原则，棋手们经过长期实践，创立了许许多多的布局体系。长期以来，人们习惯将这些布局分为三大类：开放性布局、半开放性布局、封闭性布局。开放性布局是指双方第一回合走 e2-e4、e7-e5 的布局体系；半开放性布局是第一回合白方走 e2-e4 而黑方不走 e7-e5 的布局体系；封闭性布局是白方第一回合不走 e2-e4 的所有布局。布局的名称是由国名、地名、人名等来命名的，如西班牙布局、西西里防御、阿辽亨防御等。

国际象棋的开局十分重要，它直接影响着中局甚至残局。因此，任何轻视开局的想法都是不可取的。

一、意大利布局

意大利布局属于开放性布局的一种，在 19 世纪非常流行。这个布局对初学者很重要，它的整体形势比较简明，双方子力比较活跃，中心的交锋比较激烈，战术的运用要更多一些，对于掌握布局的基本原理有很大的帮助。

① e4　　　　e5　　　　② 马 f3　　马 c6

③ 象 c4　　象 c5

如图 4-16，是意大利布局的典型局面。在这个局面中，白方的意图是利用 c、d 两兵建立强大的兵的中心，同时利用白格象对黑方的 f7 格施加压力。针对白方的计划，黑方可以采取有效的防御方法，同白方争夺布局的主动权。

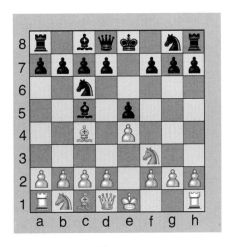

图 4-16

④ c3

这是白方最常采用的着法，目的是支持 d 兵的挺起。

④ ……　　马 f6

黑方的应着是在这个局面中最有力的，立即对白方的中心兵施加压力，如果黑方在这里走得比较软的话，白方可以轻松获得优势。黑方如改走 d6，则 d4，e×d4，c×d4，象 b6，马 c3，白方空间大增。

⑤ d4

白方坚持自己的计划，迅速在中心行动。

⑤ ……　　e×d4　　　　⑥ c×d4　　象 b4+

如图 4-17，黑象借将脱离险境。如改走象 b6，则 d5，马 e7，e5，白方的中心兵给黑带来极大的威胁，优势牢牢地被白方掌握。

现在白方有象 d2 和马 c3 两个选择。

着法 1：象 d2

⑦ 象 d2　　象×d2

⑧ 马 b×d2　d5！

黑方利用对白方中心的冲击，可以轻易地获得均势局面。

着法 2：马 c3

这个变化较为复杂且具有强制性，考验双方走棋的精准性。

⑦ 马 c3　　马×e4

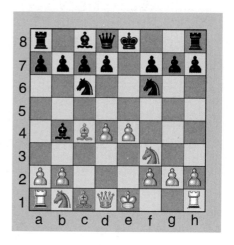

图 4-17

现代国际象棋理论根据大量的实践，对这步棋进行了深刻而详尽的分析，并有了较为确定的结论——这是黑方最好的应着。另一主要变化是 d5，则 e×d5，马×d5，0-0！象 e6，象 g5，象 e7，象×d5，象×d5，马×d5，后×d5，象×e7，马×e7，车 e1，白方用车牵制住黑马，使黑方不能进行王车易位。

⑧ 0-0！　　象×c3！

黑方如改走马×c3，白方则 b×c3，d5，c×b4，d×c4，车 e1+，马 e7，象 g5，f6，后 e2，象 g4（不能走 f×g5，否则白方可后 c4，由于黑王位于中路，白方具有极大的攻击力），象 f4，王 f7，后 c4+，马 d5，马 d2，象 e6，象 g3，车 e8，马 e4，白方子力活跃。

⑨ d5！

非常关键的一步，如改走 b×c3，黑方走 d5 以后，局面明显对黑方有利。

⑨ ……　　象 f6！

经过实践证明，黑方保留黑格象是很有必要的，因为在接下来的棋局进程中，黑格象将起到重要的防御作用。

⑩ 车 e1　　　马 e7　　　　　⑪ 车 × e4　　 d6

布局至此，形成了复杂的局面，白方以一兵的代价，获得出子迅速的优势，而黑方也同样拥有不错的机会。

二、双马防御

双马防御是一个古老开局，至今已有四百多年的历史，由于黑方先出动双马与白方争夺中心而命名。此开局有多种复杂激烈的攻守变化，它的战略思想是黑方通过对白方 e4 兵的攻击，限制白方建立中心阵地，还常采用弃兵的方法争取主动。

① e4　　　　 e5

② 马 f3　　　马 c6

③ 象 c4　　　马 f6

如图 4-18，是双马防御的典型局面。在现在的局面下，白方主要的走法有三种。

第一种着法：

④ d4

白方的指导思想就是在中心直接采取行动。

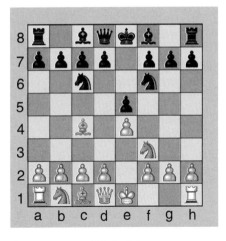

图 4-18

④ ……　　　e × d4　　　⑤ 0-0

在实战中遇到比较多的另一变化是白方在这里走 e5，它被称为双马防御现代方案。黑方最有力的应着是 d5，以下象 b5，马 e4，马 d4，象 d7，象 c6，b × c6，0-0，象 c5（如果黑走象 e7，则白方可 f3，马 c5，f4，0-0，f5，白方具有攻势），f3，马 g5，王 h1，形成复杂的局面。

⑤ ……　　　象 c5

黑方意在出子的同时护卫一下 d4 兵。

⑥ e5　　　　d5

这是黑方必须走的应着！

⑦ e×f6　　d×c4　　　　⑧ f×g7　　车 g8

⑨ 象 g5　　象 e7　　　　⑩ 象×e7　王×e7

⑪ 车 e1+　象 e6　　　　⑫ 车 e4！

白方如走马 bd2，黑方可后 d5，b3，c×b3，a×b3，车 ad8，后 e2，d3！黑方向前突破。

⑫ ……　　　f5！

在目前形势下，黑方为了保持住局面，就必须巩固住 d4 兵。

⑬ 车 h4　　王 f7！

阻止白马对 d4 兵的攻击。

⑭ 车×h7　车×g7

双方形成机会大致均等的局面。

第二种着法：

④ 马 g5

白方的意图是直接用象和马的配合攻击黑方的 f7 兵，黑方在这里最好的应着是以弃兵获得有补偿的局面。

④ ……　　　d5

这是黑方正确的应着。

⑤ e×d5

白方不能象×d5，否则黑方可马×d5，e×d5，后×g5，d×c6，后×g2，黑方获得绝对优势的局面。

⑤ ……　　　马 a5　　　　⑥ 象 b5+　c6

⑦ d×c6　　b×c6　　　　⑧ 象 e2　　h6

⑨ 马 f3　　e4　　　　　 ⑩ 马 e5　　象 d6

⑪ d4　　　 e×d3（e.p.）　⑫ 马×d3　后 c7

至此，黑方局面上虽然少一兵，但出子比较快且具有一定的攻击力。由于这个变化不能给白方带来什么好处，现今白方已很少采用了。

第三种着法：

④ d3

如图 4-19，这是白方采用最多的变化，它的思想是先稳固住中心，等子力调整好后再出击。

④ ⋯⋯　　象 e7

⑤ 0-0　　d6

⑥ h3

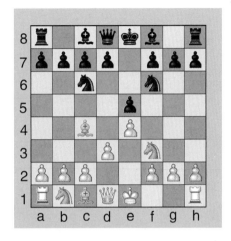

图 4-19

白方不愿意给黑方走象 g4 的机会，所以先防一步。

⑥ ⋯⋯　　0-0　　　⑦ 马 c3　　马 a5

黑方感到白方白格象的威力较大，所以不惜连续运马去兑掉它。

⑧ 象 b3　　马×b3　　　⑨ a×b3　　c5

双方局面均势，在以后的对弈中，白方要在中心寻求进攻的机会，而黑方可以利用白格象在王翼采取行动，双方的战斗还非常漫长。

三、西班牙布局

"西班牙布局"历史悠久，早在 15 世纪末由西班牙棋手创立而命名。经过各国棋手长期深入的研究，大大丰富了其战略思想，使这一古老的布局焕发出强大的生命力，目前深受棋手们的重视和喜爱，成为现代最流行的布局。西班牙布局和其他开放性布局有明显的不同，其战略意义深远，内容丰富，变化复杂，常以阵地战为主，但也不乏短兵相接的激烈变例。

① e4　　　　e5　　　　② 马 f3　　马 c6

③ 象 b5

如图 4-20，形成西班牙布局的基本局面。

③ ……　　a6

是最有力的一着，此外还有许多其他变着，如走马 d4、象 c5、f5、马 f6、d6、g6 等。

下面介绍四种主要变化。

第一种变化：兑换变例

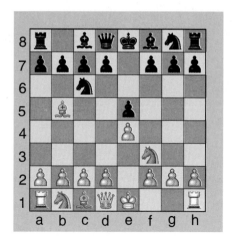

图 4-20

④ 象×c6　d×c6

白方用位置不错的象换掉 c6 马，其目的是破坏黑方后翼兵形，并先手攻击 e5 兵。而黑方保留双象，线路通畅。此变例易于简化局面，形成均势。

⑤ 0-0

白方如走马×e5，则后 d4 即可吃回一兵，并获得双象畅通的满意局面。

现在黑方有三种应着。

着法 1：⑤ ……　f6

⑥ d4	象 g4	⑦ d×e5	后×d1
⑧ 车×d1	f×e5	⑨ 车 d3	象×f3
⑩ 车×f3	马 f6	⑪ 马 c3	象 b4
⑫ 象 g5	象×c3	⑬ b×c3	车 f8

黑方此时没有必要走 0-0，因为现在的局面王在中路可以控制 d7、e7、f7 等格位。

⑭ 象×f6	车×f6	⑮ 车×f6	g×f6

经过大量的子力交换，双方形成平稳、均势的局面。

着法 2：⑤ ……　后 d6

⑥ d4 e×d4 ⑦ 马×d4 象 d7

⑧ 象 e3 0-0-0 ⑨ 马 d2 马 h6

⑩ h3 后 g6 ⑪ 后 f3 f5

双方局面大体均势。

着法 3：⑤ …… 象 g4

⑥ h3 h5 ⑦ d3 后 f6

⑧ 马 bd2 象 d6 ⑨ 车 e1 象 e6

双方局面大体均势。

第二种变化：开放变例

④ 象 a4 马 f6 ⑤ 0-0 马×e4

这是黑方准备打开中心，寻求新尝试的变例。

⑥ d4

白方如车 e1，则马 c5，马×e5，马×e5，车×e5+，象 e7，简
化局面，黑方满意。

⑥ …… b5

黑方不能走 e×d4，否则车 e1，d5，马×d4，象 d7，f3，白方得子。

⑦ 象 b3 d5 ⑧ d×e5 象 e6

如图 4-21，是开放变例的
基本阵形，黑方弱子出动较快，
子力活跃，但还没能完成王车
易位，局面激烈而复杂。

第三种变化：马歇尔弃兵

④ 象 a4 马 f6

在第 5 回合白方短易位后，
黑方通常会选择象 f8-e7，接下
来的着法如下。

⑥ 车 e1 b5

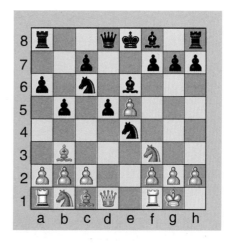

图 4-21

⑦ 象 b3　　　0-0

⑧ c3　　　　d5

如图 4-22，形成马歇尔弃兵的局势，由美国国际象棋冠军马歇尔所创而得名。以下将导入激烈的变化。

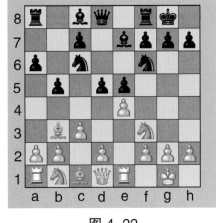

图 4-22

⑨ e×d5　　马×d5

⑩ 马×e5　　马×e5

⑪ 车×e5　　c6

⑫ d4　　　　象 d6

⑬ 车 e1　　　后 h4　　　　⑭ g3　　　　后 h3

⑮ 象 e3　　　象 g4　　　　⑯ 后 d3　　　车 ae8

⑰ 马 d2　　　车 e6

黑方弃一兵，力争在王翼进攻，双方互有机会。

第四种变化：齐果林变例

④ 象 a4　　　马 f6　　　　⑤ 0-0　　　象 e7

⑥ 车 e1　　　b5　　　　　⑦ 象 b3　　　0-0

⑧ c3　　　　d6

⑨ h3

如图 4-23，形成西班牙布局中最为流行的齐果林变例，由俄罗斯棋手齐果林创立而得名。此变例内容十分丰富，战略计划深远。白方首先通过兵 d4 建立兵中心，然后马 b1 沿 d2-f1-g3（或 e3）向王翼调动，并通过象 c2，对黑方王翼施加压力。黑

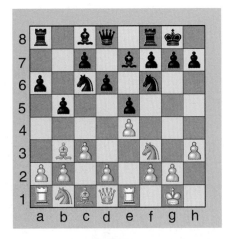

图 4-23

方则必须巩固 e5 兵，并在中心及后翼进行反击。

⑨ ······ 马 a5

此时黑方也可走 h6，以下象 b7 再马 b8、马 bd7。

⑩ 象 c2　　c5　　　　　⑪ d4　　　　后 c7

⑫ 马 bd2

至此形成此变例的典型局面，以下黑方续着有车 e8、象 d7、马 c6 等，将形成不同的变例。

第五节　半开放性布局

半开放性布局给黑方提供了更多的选择，它可以根据不同的对手，扬长避短，把形势引入自己熟悉的布局。此类布局双方能够较从容地进行子力部署，积极备战。战斗强度不如开放性布局，然而其斗争形式多种多样，变化复杂，给棋手提供了更为广阔的天地。

一、卡罗·康防御

"卡罗·康防御"创立于 19 世纪末，由两位德国棋手卡罗和康共同创立而得名。此开局的战略思想是：黑方避开种种尖锐的斗争，通过子力的交换过渡到中残局，黑方的白格象易于出动，但整体出子速度稍慢。

① e4　　c6　　　　　② d4　　d5

如图 4-24，形成卡罗·康防御基本局面。下面介绍三种主要变化。

第一种变化：

③ e5　　　象 f5

黑方及时出动后翼白格象，控制 b1-h7 斜线。

④ 象 d3　　象 × d3

⑤ 后 × d3　　e6 !

黑方挺王前兵及时，否则白方将走 e6，破坏黑方兵形。

⑥ 马 e2

白方如走马 f3，则后 a5+，c3，后 a6，局面被简化。

⑥ ……　　后 b6

⑦ 马 bc3　　c5

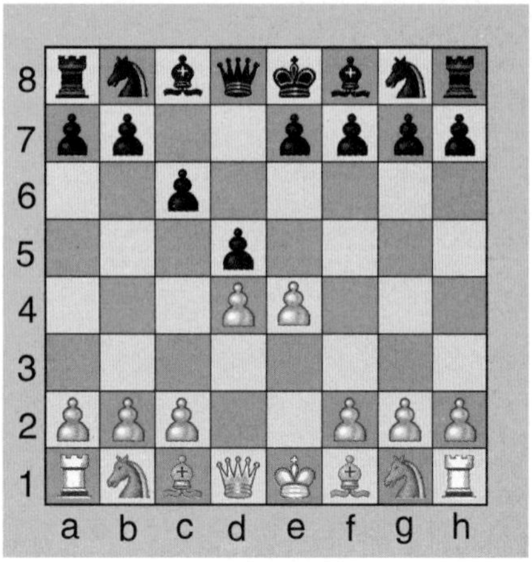

图 4-24

黑方在后翼反击，双方基本均势。

第二种变化：

③ e × d5　　c × d5　　　④ c4　　马 f6

⑤ 马 c3　　e6　　　　　　⑥ 马 f3　　象 e7

⑦ c × d5

白方也可走 c5，在后翼上占有主动。

⑦ ……　　马 × d5　　　⑧ 象 c4　　0-0

⑨ 0-0　　马 c6　　　　　⑩ 车 e1　　马 × c3

⑪ b × c3　　b6

黑方准备走象 b7 控制 a8-h1 大斜线。双方基本均势。

第三种变化：

③ 马 c3

这是此开局最主要的变例，白方坚持占领中心。

③ ……　　d × e4　　　④ 马 × e4　　象 f5

⑤ 马 g3　　象 g6　　　　⑥ 马 f3　　马 d7

⑦ h4　　h6　　　　　　　⑧ 象 d3　　象 × d3

⑨ 后×d3　　后 c7　　　⑩ 象 d2　　　e6

⑪ 0-0-0　　0-0-0

布局结束，双方基本均势。

二、法兰西防御

"法兰西防御"是一个更为古老的布局，早在 16 世纪末由法国棋手创立而得名。

在此布局中，黑方的战略思想是尽力巩固王翼，形成稳定的中心，并用 c7-c5 进行反击。其缺点是后翼白格象难以出动。白方则尽力保持空间和出子优势，在中心和王翼组织进攻。此开局复杂多变，双方都有许多机会。

① e4　　　　e6　　　② d4　　　d5

如图 4-25，是法兰西防御的基本局面。下面介绍三种主要的变化。

第一种变化：

③ e5

这是一种古老变例。白方固定中心，获得一定空间，而黑方则在后翼行动，攻击中心d4 兵。

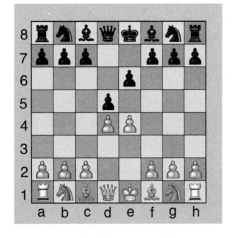

图 4-25

③ ……　　c5！

这是法兰西防御中典型的反击方法。

④ c3

白方尽力加强对中心的控制，如走 d×c5，则马 c6，马 f3，象×c5，象 d3，马 ge7，象 f4，后 b6，0-0，马 g6，象 g3，后×b2，黑方得兵占优。

④ ……　　　马 c6　　　　⑤ 马 f3　　后 b6！

黑方用后攻击 b2 和 d4 格，并阻止白方走马 bd2，走法有力。

⑥ 象 e2

白方如改走象 d3，则 c×d4，
c×d4，象 d7，白方只好走象 e2，
白方失先。

⑥ ……　　　马 ge7

⑦ 马 a3　　　c×d4

⑧ c×d4　　　马 f5

⑨ 马 c2　　　象 e7

如改走象 b4 将军看上去是
先手，实际对黑方不利。

图 4-26

⑩ 车 b1　　　a5

如图 4-26，双方各有千秋，局势均衡。

第二种变化：尼姆佐维奇变例

③ 马 c3

这是最流行的变例。白方坚持占领中心的原则，易形成复杂多
变的对攻局面。

③ ……　　　象 b4

进象的战略思想是先牵住 c3 马，然后再通过 c5、后 c7 等着法，
从后翼反击。

④ e5　　　马 e7　　　⑤ a3　　　象×c3+

⑥ b×c3　　c5　　　⑦ a4

白方以破坏自己棋形为代价，换掉了黑方的黑格象，现在准备
走象 a3，来控制黑方薄弱的黑格。

⑦ ……　　　马 c6　　　⑧ 马 f3　　后 a5

黑方在后翼和中心活动，白方保留双象，双方大致均势。

第三种变化：塔拉什变例

③ 马 d2

白方这步棋是为了避免被象牵制，意图使局势相对简明，以获得稍优局面。

③ …… c5！

④ e × d5 e × d5

⑤ 马 f3 马 c6

⑥ 象 b5 象 d6

⑦ 0-0 马 ge7

⑧ d × c5 象 × c5

⑨ 马 b3 象 d6

⑩ 马 bd4 0-0

⑪ 象 g5 f6

⑫ 象 e3 马 e5

⑬ 车 e1

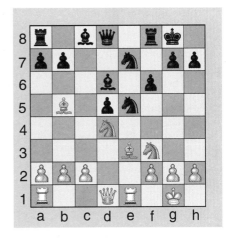

图 4-27

如图 4-27，以下白方可通过对黑 d5 兵的牵制，获得稍优局面。

三、西西里防御

西西里防御是最典型的半开放性开局，也是目前十分流行的开局。此开局特点是：黑方空间较小，但子力协调，具有很大潜力，黑方积极组织兵力从后翼发动反击，来对抗白方在王翼的进攻。

① e4 c5

如图 4-28，形成西西里防御的基本局面。西西里防御内

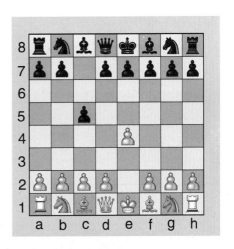

图 4-28

容丰富，变化十分复杂，是比较难掌握的一种开局。

下面介绍四种主要变化。

第一种变化：龙式变例

② 马 f3　　d6

③ d4　　c × d4

④ 马 × d4　　马 f6

⑤ 马 c3　　g6

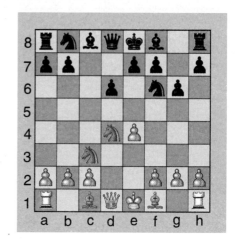

图 4-29

如图 4-29，由于黑方的棋形（h7、g6、f7、e7、d6）好像一条龙，所以命名为龙式变例。

黑方准备出侧翼象 g7，保持双象畅通，并控制 a1-h8 大斜线，威胁白 d4 和 c3 马，配合其他子力反击中心和后翼。但由于 g 兵冲起，削弱了王翼，从而遭到白方在王翼的进攻。

⑥ 象 e3　　象 g7

黑方不能走马 g4，否则白方象 b5 将军，白方得子。

⑦ f3

白方准备长易位后直接向黑方王翼进攻。

⑦ ……　　马 c6　　　　⑧ 后 d2　　0-0

⑨ 象 c4　　象 d7　　　　⑩ 0-0-0　　车 c8

⑪ 象 b3　　马 e5　　　　⑫ h4　　马 c4

⑬ 象 × c4　车 × c4

双方形成对攻，白方攻王翼，黑方在后翼反击，一般认为本变例白方机会较多。

第二种变化：封闭变例

② 马 c3　　马 c6　　　　③ g3　　g6

④ 象 g2　　象 g7　　　　⑤ d3　　d6

如图 4-30，形成西西里防御中的封闭体系。白方在中心先不和黑方交换，而是积极出动子力控制中心。黑方则运马到 d4，然后在后翼反击，因此双方常形成在两翼对攻的局势。

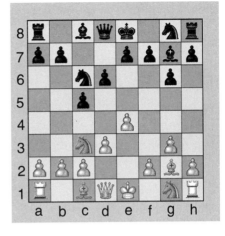

图 4-30

⑥ f4   e6

⑦ 马 f3   马 ge7

⑧ 0-0   0-0

⑨ 象 e3   马 d4

⑩ 车 b1   b6   ⑪ 马 e2   马 × f3+

⑫ 象 × f3   马 c6   ⑬ c3   象 b7

白方稍优。

第三种变化：保尔逊变例

② 马 f3   e6

③ d4   c × d4

④ 马 × d4   a6

如图 4-31，黑方挺起 e6 开通了黑格象线路，而兵 a6 是以后准备走 b5、象 b7 等，在中心和后翼进行反击。此变例反弹力强，双方都有较多的选择余地，因此受到棋手的喜爱和重视。

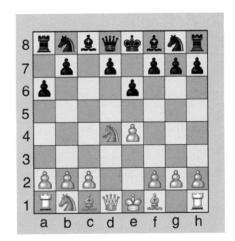

图 4-31

⑤ 马 c3   后 c7   ⑥ 象 e2   马 c6

⑦ f4   马 × d4   ⑧ 后 × d4   b5

⑨ 象 e3   象 b7   ⑩ 0-0   车 c8

⑪ a3   马 f6   ⑫ 象 f3   象 e7

⑬ 车 ad1   0-0

如图 4-32，双方互有机会，形势一时难分优劣。

第四种变化：舍维宁根变例

② 马 f3   d6

③ d4   c × d4

④ 马 × d4   马 f6

⑤ 马 c3   a6

⑥ 象 e2   e6

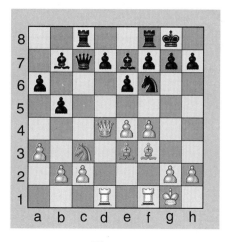

图 4-32

如图 4-33，黑方 d6、e6 两兵严密防守中路，富有弹性。

⑦ 0-0   象 e7

⑧ f4   0-0

⑨ 象 e3   马 c6

至此形成此变例的典型局面，白方空间大，双象位于好点可随机而动。而黑方子力虽处于低位，但子力协调，防守严密，可随机应变，局势大致相等。以下的续着大致是如下的方向。

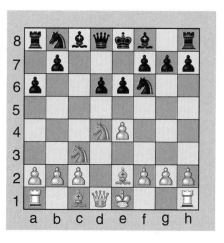

图 4-33

⑩ 后 e1

白后准备调向王翼攻王。

⑩ ……   马 × d4

黑方兑马减轻中心压力，并为走兵 b5、象 b7 等着法，从后翼展开反击争取时间。

⑪ 象 × d4   b5

至此，形成白方攻王翼、黑方攻后翼的阵形，双方互有机会。

第六节　封闭性布局

　　凡是白方第一步不走王前兵挺进两格的所有布局，统称为"封闭性布局"。由于容易造成中心封锁而导致局面封闭，故得名。

　　封闭性布局战略计划深远，在布局阶段战术组合出现得较晚。双方大多在己方阵地进行子力调动，为争夺控制中心而积极努力。

　　封闭性布局内容丰富，变化复杂，深受高手的喜爱。这里简明介绍两种布局供大家参考。

一、后翼弃兵

① d4　　　　d5

② c4　　　　e6

③ 马 c3　　　马 f6

④ 象 g5　　　马 bd7

⑤ e3　　　　c6

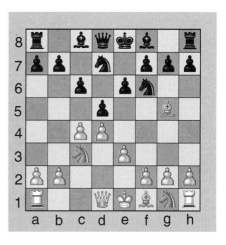

图 4-34

　　如图 4-34，如黑方第四步走象 e7，则是后翼弃兵正统防御，另有独特的战略思想和战术手段。

　　这里白方第五步不能贪吃兵走 c×d5，e×d5，马×d5，否则黑方可马×d5，象×d8，象 b4+，后 d2，象×d2+，王×d2，王×d8 之后，白方反而失子。

⑥ 马 f3　　　后 a5

　　黑方准备接走象 b4 和马 e4 进攻白方的 c3 马，这正是本局的主旨，此后主要有两种变化，分述如下。

第一种变化：

⑦ 马 d2　　　象 b4

黑方也可考虑走马 e4，马 d×e4，d×e4 的变化。

⑧ 后 c2　　　0-0

如图 4-35，黑方此时也可以选择走 d×c4，则象×f6，马×f6，马×c4，后 c7，g3！0-0，象 g2，象 d7，a3，象 e7，b4，马 d5，0-0，马×c3，后×c3，车 fd8，

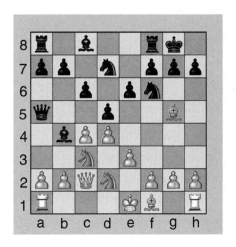

图 4-35

车 fc1，白方拥有很大的地域优势，黑方局势虽略显拘谨但也算坚实。

⑨ 象 h4

白方如走象 e2，黑方既能走 d×c4，也能走 e5，白方如应以 d×e5，则马 e4！还可以走 b6，下一步再象 a6 达到均势。

⑨ ……　　　c5　　　　⑩ 马 b3　　　后 a4

⑪ 象×f6　　　马×f6

⑫ d×c5　　　象×c3+

⑬ 后×c3　　　马 e4

⑭ 后 a5　　　后×a5

⑮ 马×a5　　　马×c5

⑯ c×d5　　　e×d5

白方有微弱的优势。

第二种变化：

⑦ c×d5　　　马×d5

⑧ 后 d2　　　象 b4

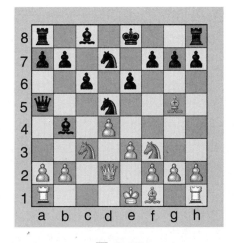

图 4-36

如图 4-36，黑方如走马 7b6，则象 d3，马×c3，b×c3，马 d5，0-0，后×c3，后 e2，象 d6，车 ac1，后 a5，白方此时象 b1 或

马 d2 均可，白方弃兵赢得良好的战机，以后将把后运往对方王翼，并着手挺进自己的中心兵，展开进攻。

⑨ 车 c1	f6	⑩ 象 h4	0-0
⑪ e4	马 × c3	⑫ b × c3	象 a3
⑬ 车 b1	e5	⑭ 象 d3	车 e8
⑮ 0-0	b6	⑯ 象 g3	

白方稍具优势。

二、斯拉夫防御

"斯拉夫防御"是后翼弃兵开局中的一个重要分支，是对付后翼弃兵的主要开局之一。在斯拉夫防御中，黑方用兵 c6 来巩固 d5 中心兵，从而保证了 c8 象线路畅通。布局特点是双方防守较为稳固，计划性较强，而攻势的展开则稍显平和、缓慢。

① d4　　　d5

② c4　　　c6

如图 4-37，形成斯拉夫防御基本局面。下面介绍三种主要变化。

第一种变化：兑换变例

③ c × d5　　c × d5

④ 马 c3　　马 f6

⑤ 马 f3　　马 c6

⑥ 象 f4

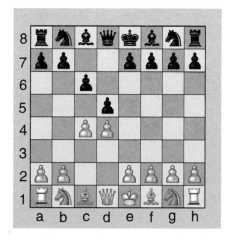

图 4-37

如图 4-38，形成斯拉夫防御兑换变例的基本局面。

⑥ ……	象 f5	⑦ e3	e6
⑧ 象 b5	马 d7	⑨ 后 a4	车 c8
⑩ 0-0	a6		

⑪ 象×c6   车×c6

双方大致均势。

第二种变化：米兰变例

③ 马 f3   马 f6

④ 马 c3   e6

⑤ e3   马 bd7

如图 4-39，形成米兰变例
的基本局面。

⑥ 后 c2

白方也可走象 d3，以下 d×c4，
象×c4，b5，象 d3，白方不难走。

⑥ ……   象 d6

⑦ 象 d2   0-0

⑧ 0-0-0   e5

⑨ c×d5   c×d5

⑩ 马 b5   象 b8

⑪ d×e5   马×e5

⑫ 象 c3   后 e7

⑬ 象 d4   b6

双方反方向易位，各有顾
忌，形势大致相当。

第三种变化：斯拉夫弃兵

③ 马 c3   e6

白方有中心优势，线路通畅，黑方则以对称的阵形形成坚固的
防守。

④ e4

白方立即冲兵燃起战火，将形成激烈复杂的变化。

图 4-38

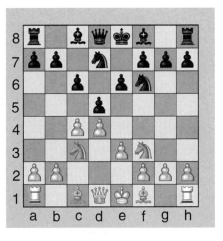

图 4-39

④ ……　　　d×e4　　　⑤ 马×e4　　象 b4+

利用先手将军出动子力，是开局中常用的手段。

⑥ 象 d2　　　后×d4

为了保持先手，白方弃掉 d4 兵。

⑦ 象×b4　　　后×e4+

⑧ 马 e2　　　马 a6 ！

如图 4-40，白方弃兵后出
子占先，子力位置优越。为了
阻止白后进至 d6 格，黑马 a6
及时攻击危险的 b4 白象。

⑨ 象 f8 ！　　马 e7

黑方明智地弃回一兵，进马
助攻。如改走王×f8，则后 d8，
将杀。

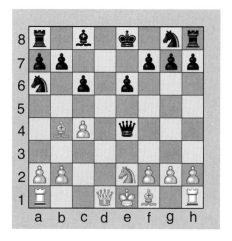

图 4-40

⑩ 象×g7　马 b4　　　　⑪ 后 d6 ！

攻守兼备的好棋，既为王腾出逃路，又可攻击黑方王城。

⑪ ……　　　马 d3+　　⑫ 王 d2　　马 f5

⑬ 后×d3　后×d3+　　⑭ 王×d3　马×g7

至此，双方经过一番搏斗，子力大大简化，形势趋于平稳，形
成均势。

学习完本章内容后，我们已经掌握了一些开局的基本知识，并
记住了一些比较主流的开局定式，这对于提高开局能力是十分有
益的。

综合练习（四）

以下各题均是白先。请写出白方取胜的具体着法。

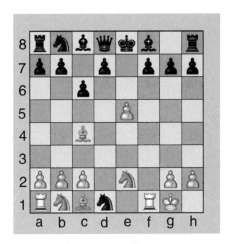

第 1 题

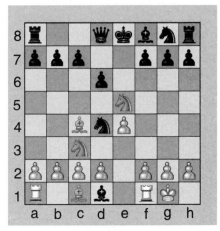

第 2 题

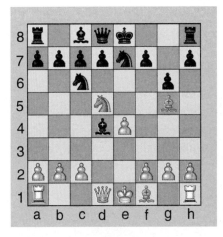

第 3 题

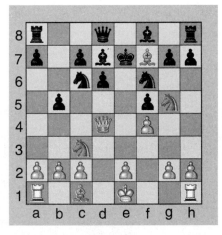

第 4 题

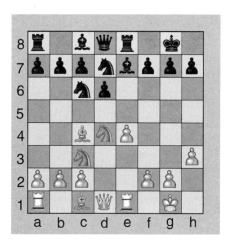

第 5 题

第 6 题

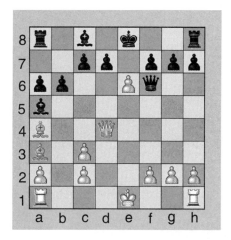

第 7 题

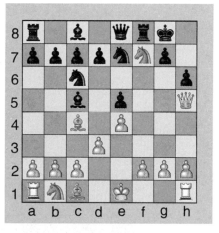

第 8 题

第五章

常用基本战术

在中局阶段，双方都要制订一些作战计划，并且为实现这些计划进行一系列闪击、牵制、拦截、引离、突破等战斗，这里往往要依靠战术手段。所谓战术就是通过强制性手段达到某一目的的战术方法。在预定的战略计划下，灵活运用各种战术进行攻击或防守，是国际象棋对局中争胜或谋和的重要手段。

第一节 捉 双

一个棋子同时攻击两个目标的战术叫作捉双。这是一种很常见的战术，不仅在中局，在开局和残局中也都可以见到。对方由于不能两者兼顾，被迫放弃一面，于是造成子力损失。所有棋子包括兵和王都可实现捉双的局面，这是这一战术区别于其他战术的特点之一。

局例一

由于后的威力最大，它是实现一子击双的重要兵种。如图 5-1，黑 a8 车无保护，如果白后能到 e4 提车，又在 d3 象的支持下有吃 h7 兵要杀的威胁，白方必能得车。但是黑方 f6 马守住了 h7 和 e4 格，所以白方先要消除这个保护子。

① 马×f6+　马×f6

② 象×f6　象×f6

③ 后 e4

白方得车胜定。

局例二

如图 5-2，白方先用兵捉双把黑象引入 f5 格，然后再进行后的一子捉双。

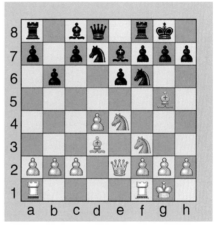

图 5-1

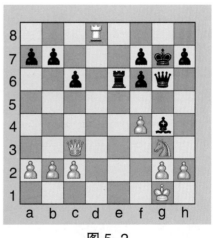

图 5-2

① f5！　　象 × f5　　② 后 c5

后可到 f8 格杀，又在 g3 马的支持下提 f5 象，黑方无法同时应付这双重威胁，白方必得子胜定。

局例三

由于马的走法特殊，它在攻击别的棋子时，自己往往不在对方的攻击范围内，所以是攻击对方重要棋子（特别是后）的理想角色，同时也是实现捉双的重要兵种。

如图 5-3，白方结合了消除保护子、引入和捉双等战术，用精彩的着法取得了胜利。

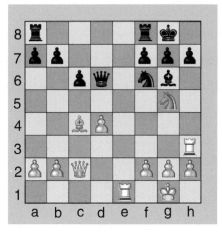

图 5-3

① 后 × g6！！　h × g6　　② 象 × f7+　　车 × f7

③ 车 h8+　　王 × h8　　④ 马 × f7+

马将军的同时提后，黑后必失，白胜。

局例四

兵是最弱的棋子，用兵进行捉双是比较难的，但如果实现了兵的捉双，效果也是很大的。当对方两个棋子在同一条横线上相距一格时，就要考虑能否实现兵的一子捉双。如图 5-4 局面。

① f4　　　　f5

黑方如果逃马，白方可进 f 兵捉死象。

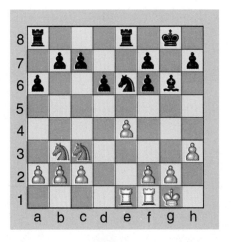

图 5-4

② g4 ！

此时不论黑方走 f×g4 还是 f×e4，白方都走 f5 实现一兵捉双，多子胜势。

局例五

如图 5-5，白车正在攻击黑后，但现在轮到黑方走棋。局面中隐藏着黑方捉双的机会。但如果黑方采取消极着法，退后到 d6，捉双的机会则转瞬即逝。正确的着法是进后将军，先来步顿挫，强迫白象退到底线护王，接着就有捉双的机会了。

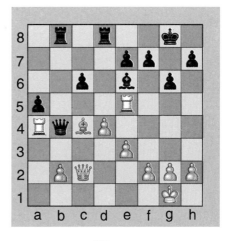

图 5-5

① ……　　　后 e1+ ！

② 象 f1　　　象 b3 ！

黑象依靠黑车的支持，同时攻击白后和白车，实现了"捉双"。白方两子必失其一，黑方得子胜势。

第二节　闪　击

闪击战术比捉双战术复杂，它是指把对方王或者对方其他棋子的攻击隐蔽在某一"中间棋子"后面，然后突然把"中间棋子"移开，露出"主攻棋子"进行攻击，"中间棋子"可根据局势需要移往能够打将、吃子或者威胁做杀的位置。这一战术中，活动的"中间棋子"起助攻作用，简称为"助攻子"。

局例一

我们先来看一个运用闪击战术的精彩局例。如图5-6，轮到白方走棋。

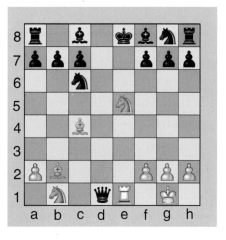

图 5-6

① 象×f7+　王e7

黑方防守出错，忽视了对方车双象马协同作战的威力，如走王d8，还可以顽强抵抗。

② 马g6+！

白方闪击、双将、捉双等战术并用。

②……　　王×f7？？

黑方贪吃白象，造成被将杀的结局。

③ 马×h8（白胜）

局例二

如图5-7，白方先行。这是一个闪击抽后取胜的例子。

① 马f5+　　e×f5　　　② 后×b3（黑方认输）

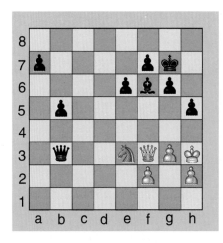

图 5-7

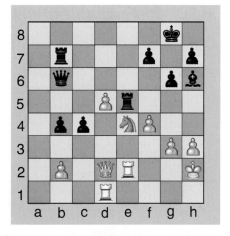

图 5-8

局例三

如图 5-8，轮到白方走棋。这是一个运用闪击战术简化局面的例子。

① 马 f6+　　后 × f6　　　　② f × e5　　后 f3

黑方当然不能换后，如改走象 × d2，则 e × f6，象 h6，d6，车 d7，车 e7，车 d8，d7，白方胜定。

③ 后 e1

双方都想利用联兵冲出具有强大牵制力的通头兵，但是白方双车力量有利于防守，同时黑方还存在王的防守问题。因此，白方胜势。

③ ……　　c3　　　　　　④ d6　　　c × b2

⑤ 车 × b2　后 c6　　　　⑥ e6

白方既有 d 兵升变的威胁，又对黑王形成攻杀之势，黑方无计可施，只得认输。

第三节　牵　制

牵制战术是一个经常遇到的战术，在开局、中局、残局都可使用。用己方的后、象、车等棋子束缚住对方的某一个棋子，使它不能够随意移动。如果它贸然走开的话，将会造成兵力价值上或者形势上的损失，这种战术就叫作牵制。当一个棋子受到对方一个远程棋子的攻击时，由于它的后面有一个比它价值高的棋子，所以它不能随便移动，这个子就叫作被牵制。如果它的后面是王，就叫全牵制，把对除王之外的其他兵力的牵制称作半牵制。牵制战术则是利用了被牵制的棋子不能随便移动的弱点，直接攻击它或攻击其保护的棋子。

局例一

如图 5-9，是一个变例的初始局面。双方在前 4 个回合的交手中，分别使用了牵制战术象 b4 和象 g5。我们不难发现这两种牵制的差别：黑方的象，隔马威胁的是王，因此白方 c3 马被拴死了，不能动弹。如果误走马，会被判违例，再改走其他棋子。而白方的象，隔马威胁的是黑后，黑马走开之后，

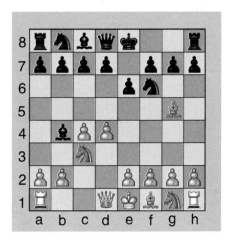

图 5-9

兵力上会遭受巨大损失，但是不违反棋规。

牵制战术在对弈中发挥着重要作用，是主要的作战手段之一。

局例二

如图 5-10，是实战中弈出的局面，现在轮到白方走棋。白方抓住机会，妙用牵制战术，简化局面迫使对方认输。

① 后 × a7+！

先弃后取，黑方见大势已去，停钟认输。

此时黑方如续走王 × a7，则象 × c5，黑方必然丢子。如用车保马，白方有 a4 冲兵一手，

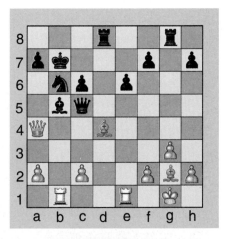

图 5-10

这时如用象吃兵，那么白方走车 a1 提死象，如黑象不吃兵躲开，白方就再进兵 a5 提死马，黑方必输。

局例三

如图 5-11，现在轮到黑方走棋。黑方利用牵制战术，简化局面后多子取胜。

① ……　　后 h1

运后到底线对白象施行全牵制，迫使白后回防。

② 后 c1　　马 d4

进马威胁吃 f3 兵，对被牵制的 d2 马和 e1 象再施加压力。

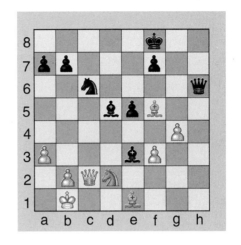

图 5-11

此时黑象对白方马和后也已经形成半牵制。

③ 象 e4　　象 × e4　　　　④ f × e4　　王 g7

消除掉白后打将的机会，现在有了马 f3 的威胁。

⑤ 象 g3　　后 × c1+　　　　⑥ 王 × c1　　马 e2+

黑方运用捉双战术抽吃白方的象。

⑦ 工 e2　　马 × g3　　　　⑧ 马 e4　　象 d4

净少一子，抵抗已无意义，白方认输。

局例四

如图 5-12，现在轮到黑方走棋。局面上白方多 1 兵，但是形势并未占优，因为黑方可以利用车、马、象等兵力的有利位置，采用牵制战术和捉双战术谋得一子。

① ……　　马 f3+

一马击四，白方王、后、车、兵全在黑马的攻击范围内。白方 g2 兵又被牵制住，奈何黑马不得。

② 车 × f3　　象 × f3　　　　③ f × e6　　后 g7

黑方虽然吃得一子，但是少两兵，物质力量上来说并没有占便宜。同时在王翼的攻防战中，白方的防守力量很强。因此，战斗还很艰苦。

④ 后 f2　　　象 c6

⑤ e7　　　车 de8

当然不能用后吃兵黑方如改走后×e7，白方马上马 f5 闪击，后 f7，马 e7+，这样的结果是白方多兵胜势。

⑥ 马 fd5

保住 d 兵，并有伺机在 f6 位捉双的威胁。

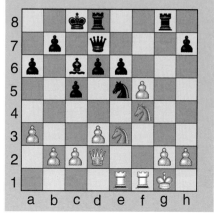

图 5-12

⑥ ……	王 b8	⑦ 后 f4	象×d5
⑧ 后×d6+	王 a8	⑨ 后×d5	后×e7
⑩ c3	车 g5	⑪ 后 f3	车 e5

强化牵制，后双车 3 个强子牢牢地拴住白方后、车和马，白方已经难以挣脱这条"牵制的锁链"了。

⑫ 王 f2　　　车 f8

白方无可奈何，失子已成必然。

| ⑬ 马 f5 | 车×e1 | ⑭ 马×e7 | 车×f3+ |

⑮ 王×e1　　　车 e3+

又是捉双，抽吃白马后黑方胜定。白方认输。

第四节 封 锁

把对方的棋子限制在某区域或某格的战术叫作封锁。一般在进攻对方王时，为了不让它逃跑而运用这一战术。封锁战术还可用来在对方棋子前进的道路上制造障碍。

局例一

如图 5-13 局面，白先。黑方局势看起来似乎很乐观，h2兵垂手可得。但是白方弃掉 h2兵，运用封锁战术将黑方逼入绝境。

① 马 e5+ 王 g2

② 王 c2 王 h2

黑方如走 f3，则马f3，王 h1，d2，王 g2，王 e3，王 h2，王 f2，王 h1，马 f1，h2，马 g3，杀棋。

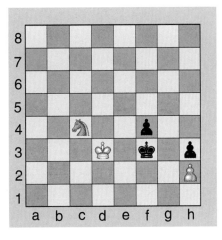

图 5-13

③ 王 f2　f3	④ 马 g4+！王 h1
⑤ 王 f1　f2	⑥ 马×f2+ 王 h2
⑦ 马 e4　王 h1	⑧ 王 f2　王 h2
⑨ 马 d2　王 h1	⑩ 马 f1　h2
⑪ 马 g3（白胜）	

局例二

如图 5-14，黑方先走。白象担负着防御黑兵升后的重任，为了防止黑马拦截，白象占据兵的升变格是唯一的防御手段。黑方如走王 a1，则白方走王 c2 将黑王封锁在角上，白王与黑马保持在同一色格之中，又轮到黑方走棋，这是典型的理论和棋。

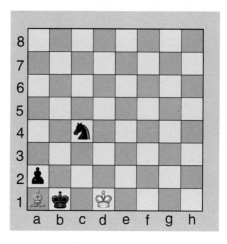

图 5-14

① ……	马 a5		
② 象 g7	马 b3		
③ 象 f6	马 c5	④ 象 g7	马 d3
⑤ 象 a1	马 b4	⑥ 象 g7	马 c2
⑦ 王 d2	马 a3	⑧ 王 d1	马 c4
⑨ 象 a1	马 e3+	⑩ 王 d2	

黑方无法克服被封锁的威胁而和棋。

在主战场处于劣势的一方，把对方王封锁于战场之外，是挽救局势有效的手段。

局例三

如图 5-15，黑方先走。黑方虽少一兵，但 f4 兵压制住白方双兵，如果能阻止白王进入战区，将能确保和棋。

① …… 王 d5?

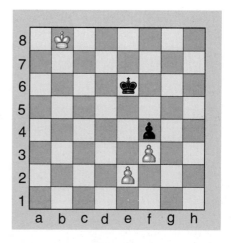

图 5-15

黑方选择了错误的计划，用王去攻击白兵，使局势变得毫无希望。正确的计划应是对白王建立封锁线，走王d6！白方如走王c8，则王c6，王d8，王d6。白方另如走王a8，则王d7或王c6。白王都无法突破封锁而导致和棋。

②　王b7！

对王是突破对方王封锁唯一的手段。如误走王c7，则王c5，王d7，王d5，白王无法越过第6横线而和棋。

②……　　王d6

黑方如走王c5，则王c7，王d5，王d7，王e5。又如走王d4，则王c6，王e3，王d5，王×e2，王e4，均为白胜。

③　王b6　　王d5　　　④　王b5　　王d4

⑤　王c6　　王e5　　　⑥　王c5！

黑方无力阻止白王进入f4兵关键格，被迫认输。

局例四

如图5-16，黑方先走。

①……　　车c7+

②　王g8　车c8+

③　王g7　车h8！！

弃车，将白王吸引到角上，完全限制它的活动而使其陷入绝境。

④　王h8

如拒绝吃车走h3，则王e7，

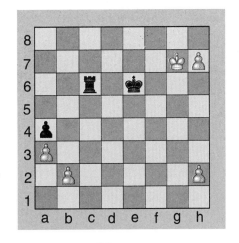

图5-16

h4，王e8，h5，王e7，h6，王e8，王f6，车×h7，王g6，车h8，王g7，车f8，h7，车h8！黑胜。

④……　　王f7　　　⑤　b4　　　a×b3（e.p.）

白方认输。

拦截战术在残局中应用的范围十分广泛，特别是在同色格象残局、马对象残局、车兵残局中应用得较多。残局中拦截战术的表现形式是，己方大子或兵以兑换或弃子方式强行侵入对方大子控制的线路中去，破坏对方的防御，为己方接下来的攻击创造条件。残局中拦截战术实施的目的，绝大多数是为了支持通路兵升变，获得物质优势。

局例一

如图 5-17，这是车兵对单车的典型胜局，不论哪一方先行白方都可胜。取胜的重点在于必须在 g 线上拦截黑车。

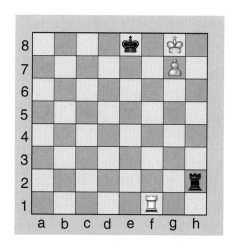

图 5-17

① ……   车 h3

② 车 f4   车 h1

③ 车 e4+   王 d7

④ 王 f7   车 f1+

⑤ 王 g6   车 g1+

⑥ 王 f6   车 f1+

⑦ 王 g5   车 g1+   ⑧ 车 g4（白胜）

局例二

如图 5-18，黑方先走。这是实战形成的局面，h3 兵是黑方唯一的王牌，怎样支持它升后呢？
控制底线是唯一的手段。

① ⋯⋯ 　　车 c4+

② 王 d2 　车 c1！！

黑车强行进入底线，切断
了白车退守底线防御的可能性。
白方如走王 c1 或马 c1，黑方均
走 h2，黑兵升后已无法阻止。

局例三

如图 5-19，这是实战对局
形成的局势。此时白方走王×c7
后，黑方直接认输了。为什么
呢？试拟着法如下。

① ⋯⋯ 　　王×h3

② d6

d 兵升后已经不可阻挡，因
为白方握有一张王牌——用马
拦截黑象的防御线路。

② ⋯⋯ 　　象 g5

③ d7 　　王 g4 　　④ 马 b4

白方接下来有马 d5 再马 f6，拦截 h4-d8 斜线的手段。

④ ⋯⋯ 　　王 f5 　　⑤ 王 d6

白方用王保护 e 兵，准备走马 c6。

⑤ ⋯⋯ 　　象 d8 　　⑥ 马 c6 　　象 b6

⑦ 马 d4+ 　王 g4 　　⑧ e6 　　f×e6

⑨ 马×e6（白胜）

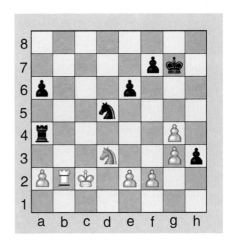

图 5-18

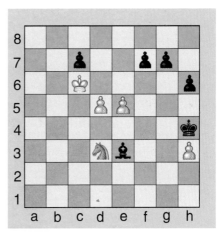

图 5-19

黑方象已无法阻止来自白方的拦截。

局例四

如图 5-20，黑方先行。这是实战形成的局势。

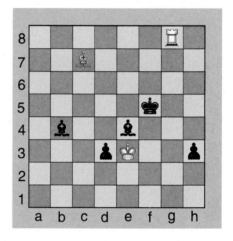

图 5-20

① ……　　　d2

② 车 d8

无奈之着，白方不能走车 g1，因为黑方可象 c5+，也不能走王 e2，因为黑方可象 f3。

目前白车在 d 线阻止 d2 兵前进，白象在 c7-h2 斜线阻止 h3 兵前进，两条防御线路交叉于 d6 点，黑方巧妙利用拦截战术，在交叉点上进行了双向拦截。

② ……　　　象 d6 !　　　③ 车 × d6

白方如走象 × d6，拦截了车的线路，黑方可直接 d1（后）。现在车又拦截了象的线路。

③ ……　　　h2　　　④ 车 × d2　h1（后）

白方认输。

第六节　腾　挪

在国际象棋对局中，有时攻方的某个棋子占据了其他棋子的重要格位或者阻塞了另一棋子的重要线路，以致妨碍了战术手段的开展。这时可采取弃子、兑子或其他强制手段腾出格位或腾开线路，这种战术叫腾挪战术。腾挪战术有腾出格位、打开通路、敞开大斜线等几种不同形式。

局例一

如图 5-21，轮黑方走棋，如果黑马能到 f3 格位将军，则成杀局，但 f3 格现由黑车占据，妨碍攻杀计划的实施。这时可用腾挪战术腾出 f3 格，着法如下。

① ……　　　车 f2+

② 王 h1　　车 h2+！

图 5-21

黑车照将腾挪，腾出 f3 格，但白王退到 h1 格后，黑马不能带将进到 f3 格。于是黑方弃车吸引白王，使白王回到原来的 h2 格。

③ 王 × h2　马 f3+

④ 王 h1　　车 × g1（黑胜）

局例二

如图 5-22，白先。白方采取腾挪战术，可轻而易举地取胜。

① f6 ！　　后 × f6

弃兵腾出 f5 格，以便以后白后可由此进攻。黑如拒吃弃兵而改走后 f8，则后 f5+，王 d8，象 × g5，白方得兵后控制局面，以后稳胜。

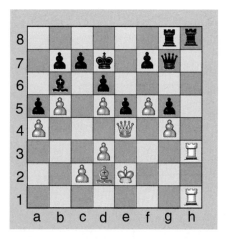

图 5-22

②车×h8　车×h8　　　③车×h8　后×h8

④后 f5+　王 e7　　　　⑤象×g5+　f6

黑方如王 f8，后 c8+，王 g7，象 f6+，抽后。

⑥后 e6+　王 f8　　　　⑦后 c8+　王 g7

⑧象 f6+

结果还是抽后，白胜。

局例三

如图 5-23，白方采取弃兵腾挪的手段，先弃 f4 兵，再弃 d4 兵，打开第 4 横线的通路，以便白后可以由 h4 调到 b4 格将军。

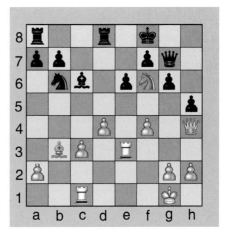

图 5-23

①f5！　　　e×f5

黑方如 g×f5，则车 g3 提后；另如改走 g5，则后×h5，后×f6，f×e6，以下有 e7+ 抽车和车 f1 提后攻王的双重威胁。

②d5！　　　车 d6

白方再弃一兵，到此黑方不损失子力就难以防御下一着后 b4+ 的威胁。如黑改走马×d5，则象×d5，象×d5，后 b4，白胜。

③马×h5！　后 h6

白方弃马打通 h4-d8 斜线。

④后 e7+　王 g8　　　　⑤d×c6　车 f8

⑥车 ce1　车×c6　　　　⑦马 f6+　王 g7

⑧车 h3

提死后，白胜。

局例四

如图 5-24 局面，白方用腾挪战术，弃兵打开大斜线，从而能够闪将取胜。

① e6！　　f×e6

② 象×g7　王×g7

白方弃兵打开大斜线以后，以象换马，吸引黑王进入 a1-h8 的大斜线，以便对它进行致命的打击。

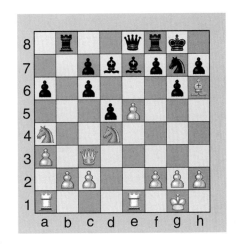

图 5-24

③ 马 f5+　　王 g8　　　④ 马 h6（白胜）

末着白方走后 g7，也成杀局。

第七节　引离

用弃子或兑子手段强制地将对方某个棋子引离重要的防守位置，这种战术叫引离，这种战术的核心思想其实就是兵法中常说的调虎离山计。引离战术的运用常常和照将、要杀、捉子等牵制性的着法结合在一起，因此具有强制性质，常使对方不得不应。这种战术和诱离不同，后者不带有强制性，战术的成功与否，取决于对方是否上钩。下面举几个实例。

局例一

如图 5-25，是利用照将进行弃子引离的战术实例。现在轮白

方走棋，白方需要 g4 格，以便
白后占得以后对黑王进行决定
性的攻击。但 g4 格现在正处于
黑 c8 象的控制之下。白方可采
取弃子引离战术。

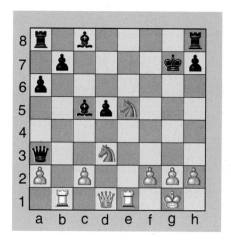

图 5-25

① 车×b7+！

白方弃车杀兵，希望将黑
c8 象引离 c8-h3 斜线，使它离
开对 g4 格的防御位置。如黑方
象×b7，则后 g4+，王 f6，后 f3+，
王 e6，后 f7+，王 d6，后 d7，白胜。

① ……　　　象 e7

黑方在实战对局时看到了白方的杀王计划，因此没有理会白方
送来的"诱饵"，退象垫将，暂解燃眉之急。但白方还有另一种进
攻手段。

② 后 h5！　车 f8

白方下一着要后 f7+，然后车 b6+ 做杀。

③ 后 g5+　　王 h8　　　　　④ 马 g6+！　h×g6

白方弃马，引离 h 线黑兵。

⑤ 后 h6+　　王 g8　　　　　⑥ 后×g6+　王 h8

⑦ 车 b×e7

白方用车吃象，下一着后 g7 绝杀。

局例二

如图 5-26，是用要杀的威胁进行弃子引离的简单例子。这时
轮白方走棋。白方的后如能进到 h8，则立成杀局。但此刻黑 f6 象
正严密看守此格，怎样引离黑象？

白方如果车 e7 要杀，黑方当然不能象×e7，因白有后 h8 闷杀。但黑可续走象 g7，隔断白后与白车之间的联系，从而解除杀着的威胁。正确的引离着法如下。

① 马 e7！ 象×e7

白方弃马，对黑方构成双重攻击，一边捉后捉车，一边要后到 g8 成杀。黑方只有象×e7。

② 后 h8（白胜）

白方引离成功，最后造成闷杀。

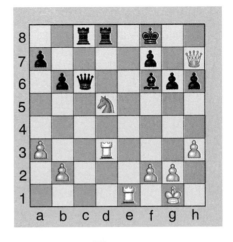

图 5-26

局例三

如图 5-27，是用要杀威胁实现弃子引离战术的又一局例。此时轮白方行棋，如走 g6，黑后×g6，白再后 c4+，黑可 d5 掩护黑王，化险为夷。实战中白方巧施引离战术，着法如下。

① 马 e5！ d×e5

白方威胁着要车 h8 杀。黑兵被白马引离。如黑改走后×e5，则白 g6 弃后，下一着车 h8 绝杀无解。

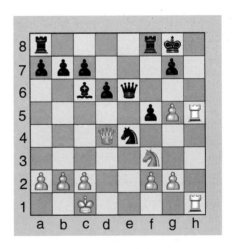

图 5-27

② g6！ 后×g6

白方因有车到 h8 杀棋的威胁，黑后为解杀被迫被引离。

③后 c4+　后 f7

黑方如改走车 f7，结果也是闷杀。

④车 h8

闷杀，白方弃子引离成功。

第八节　包　围

把对方某个棋子围堵到不利位置，使它失去活动的能力，发挥不了子力的效率，然后伺机进行围歼的战术，叫作包围。它和牵制、封锁等战术有异曲同工之妙，目的也是以限制对方子力活动、破坏对方子力协同为目标。例如把对方的马撵到 h8 格或 a8 格，即逼到棋盘角上，就是对马进行包围的一种典型手段。在某些局面里，有时不在棋盘角上，也可利用子力的配置和局面的特点，对对方的特定子力形成包围。

局例一

如图 5-28，由白方先走，白方对黑马进行战术包围，使它失去活动空间；然后进行围歼。请看白方的精妙着法。

①象 a1！　后 d7

②c5！　后 c7

白方退象避兑，然后进兵断去黑马后路，对黑马构成包围的形势。黑方下一步试图走 b5，

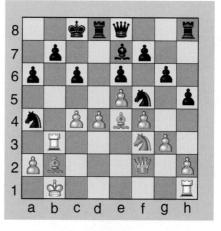

图 5-28

通过子力交换，解救黑马。

③ 车 c1！　车 d7　　　　④ 后 e1！　　车 hd8

⑤ 后 b4　　马×c5

白后捉死黑马，以下黑方只不过是垂死挣扎而已了。

⑥ d×c5　　车 d1　　　　⑦ 象×f5　　g×f5

⑧ 象 d4　　车×c1+　　　⑨ 王×c1

包围战术成功，白得子胜定。

局例二

如图 5-29，轮黑方行棋。这是包围象的一个典型实例。

① ……　　　象×d3！

此时白方如后×d3，则车×e2，后×e2，d3！捉双，象×f6，d×e2！继续捉双，黑胜。

此时白方如车×e8，则象×f1，车×f8+，王×f8，王×f1，象d2，白象被围，黑残局多一兵胜势。

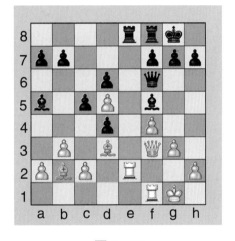

图 5-29

此时白方如 c×d3 吃象，则白象永远被围住，结果等于少一子。

以上是包围战术对马、象这类弱子的运用实例。

实际上，包围战术对后、车一类的强子也同样有用武之地。

局例三

如图 5-30，黑方先行。黑方巧妙地采取兑子和弃子的战术手段，把侵入第 7 横线的白车诱到绝地，然后运用包围战术，一举加以围歼，从而以马换车，实现有利交换，最终以子力优势获胜。

① ……　　　　车 d8

② 车 e7　　　王 f8

黑方棋形有利，后翼多兵，因此邀兑白车，希望兑车后转入优势残局。白车侵入对方腹地，岂肯兑车，平车反捉黑马。但一波未平一波又起，白方此着授人以隙，使黑方有了弃马的妙手。

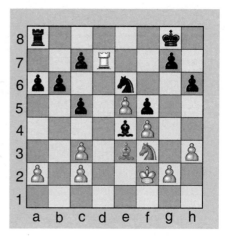

图 5-30

② 车 × e6　　　王 f7

至此，白车陷入囹圄，以下黑方得车，实力占优，可轻易取胜。

局例四

如图 5-31，黑方先行。这是黑方采用包围战术，在弃车以后活捉白后的实例。

① ……　　　　马 d5+ ！

② 象 d2　　　后 b6 ！

白方进退维谷，要么兑后，则残局必然不利；要么接受黑方拱手送上的"礼品"，再做打算。实战中，白方采取了后一种方案，结果白后陷入黑方预先设计的包围圈中，终被围歼。

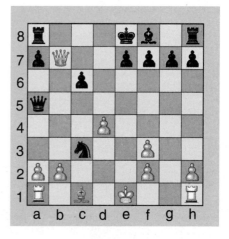

图 5-31

③ 后 × a8+　王 d7　　　④ 0-0　　　马 c7

白方如改走 a4，则马 c7，a5，后 × b2，后 × a7，后 × a1+，王 e2，后 × h1，结果白方双车尽失。

⑤ 象 a5   马×a8   ⑥ 象×b6   马×b6

至此，白方的双车敌不过黑方的车马象，黑胜。

第九节 突 破

采用兵或其他子力去突破对方的防线，形成得子、攻王或兵的升变机会，这种战术叫突破战术。这种战术在开、中、残局里都很常用，而且常常和弃子或弃兵手段联系在一起。下面介绍突破战术在兵类残局中的运用。

局例一

如图 5-32，双方的王都远离自己的兵，现在轮到白方行棋。白方可采取突破战术，生成一个通路兵，然后冲兵到对方底线变后而胜。

① b5！   c×b5

黑方如 a×b5，则 c5，b×c5，a5，白方同样能造出一个通路兵。

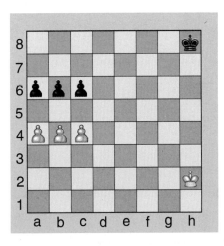

图 5-32

② a5！   b×a5

③ c5   王 g7

④ c6   王 f7   ⑤ c7   王 e7

⑥ c8（后）（白胜）

局例二

如图 5-33，这是多兵残局中的一例，现由白方先行。双方兵的数量相等，但白方王翼多一兵，可以运用突破战术产生一个通路兵，然后进兵变后取胜。

① e5 !　　　f × e5

② g5 !　　　h × g5

黑方如王 d6，则 f6，王 e6，f × g7，王 f7，g × h6，b5，王 e4，b4，王 d3，白胜。

③ f6 !　　　g × f6

④ h5 !

白方 h 兵可顺利变后，白胜。

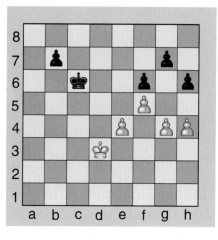

图 5-33

局例三

如图 5-34，黑先。双方兵的数量相等，但白方 g2、g3 的兵是重叠兵，棋形存在缺陷，黑方可运用突破战术，弃兵突破，形成一个通路兵，然后升变为后，即能取胜。

① ……　　　f4 !

② e × f4　　白方如 g × f4，则 h4 !黑胜。

② ……　　　h4

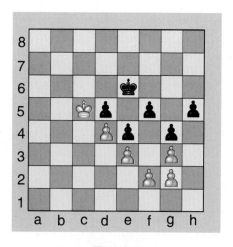

图 5-34

③ g×h4　　　g3　　　　　④ f×g3　　　e3！

黑方 e3 通路兵变后已不可阻挡，黑方胜定。

局例四

如图 5-35，黑方先行。黑方虽然少一个兵，但后翼兵的位置优越，运用突破战术，可以形成一个通路兵，结果巧妙取胜。

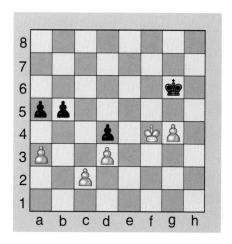

图 5-35

① ……　　　　a4！

② 王 e4　　　b4！

③ 王 d4

如白方改走 a×b4，黑方则 a3，黑兵两步变后胜。

③ ……　　　b×a3　　　④ 王 c3　　　王 g5

⑤ d4　　　　王×g4　　　⑥ d5　　　　王 f5

白方 d5 兵进入黑王的方形区，成了黑王的囊中之物，而白王已无法活动，只有等待黑王吃掉白方 d 兵之后，形成逼走劣着的局面，然后被迫离开 c3 位，听任黑方 a3 兵升变。至此，黑方必胜。

综合练习（五）

以下各题均为白先。请写出白方取胜的具体着法。

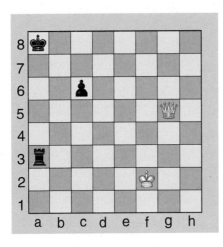

第 1 题

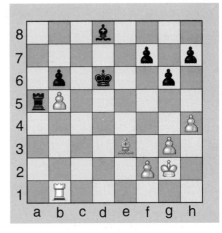

第 2 题

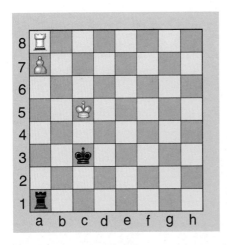

第 3 题

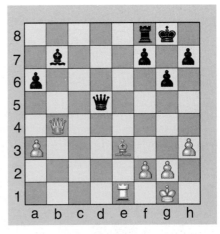

第 4 题

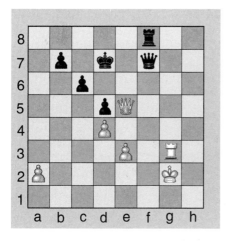

第 5 题

第 6 题

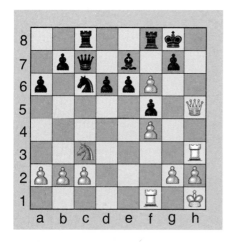

第 7 题

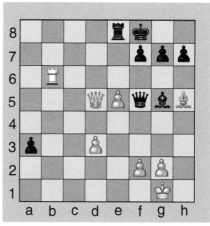

第 8 题

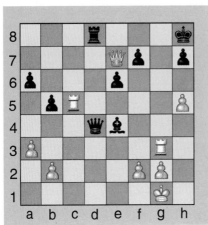

第 9 题

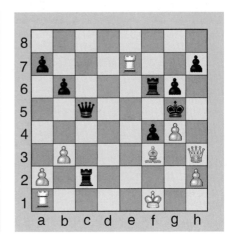

第 10 题

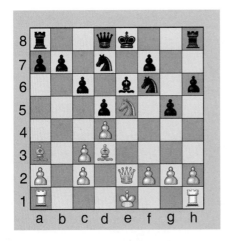

第 11 题

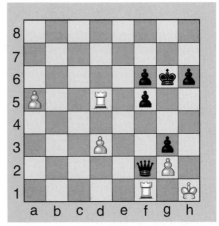

第 12 题

第六章

中局常用战术

　　在中局阶段，双方都要制订一些作战计划，并且为实现这些计划进行一系列兑子、弃子、升变、攻王等战斗，这里往往要依靠战术手段。学习战术、熟练掌握战术对于初学者来说很有必要，它是提高棋艺水平的必修课。先从单个的战术手段入手，由浅入深，了解它的特点和战术思想，再逐步把各种战术融合在一起综合运用，形成战术组合，则更具杀伤力。

第一节　兑子战术

兑子，就是换子，是一局棋中需要多次运用的战术手段。要掌握通过兑子来获取优势、消除危险的技巧，具有相当的难度。在面临对方猛攻，有被将杀危险的情况下，兑换掉对方的攻击兵力是最有效的防御手段。

局例一

如图 6-1，现在轮到白方走棋。显然，黑方后、双车和象的火力集中地压向白方王城的 g2 兵，威胁将杀。白方 g2 兵的保护者后，还被黑方 b7 象叫吃。在这种强敌压境的时候，白方最好的解救方法就是运用兑子战术，用自己目前战斗作用较小的象去兑换黑方强有力的象。

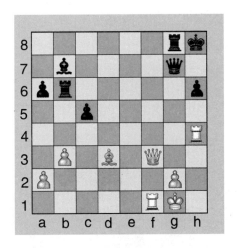

图 6-1

① 象 e4　　象 × e4

② 车 × e4

兑象之后，黑方的王翼攻势被化解了。这时，白方的后翼棋形比黑方好，白方形势稍强于黑方。

局例二

在中局向残局的过渡阶段，常常出现能够利用兑子战术简化局面从而强化优势的机会。如图 6-2，轮黑方行棋。黑方在胜势局面下，兑后简化局面，确保胜利。

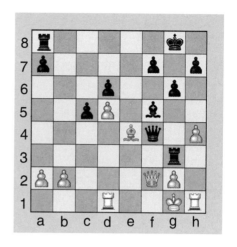

图 6-2

① …… 后×f2+

② 王×f2 车 g4

③ 象×f5 车 f4+

黑方当然不会用 g 兵吃象，否则棋形会支离破碎。

④ 王 g3 车×f5

进入车兵残局，黑方多兵，白方 d5 孤兵始终是一个包袱。

⑤ 车 he1	车 b8	⑥ 车 d2	王 f8
⑦ 车 e3	a5	⑧ 车 a3	车 b5
⑨ 车 a4	h5	⑩ b3	王 g7
⑪ 王 h3	王 f6		

黑方处理好后翼车兵的出动问题之后，再运王至中路，注意到双方王位置的差异。

⑫ g3	王 e5	⑬ 王 g2	f6

黑王吊住了 d5 兵，而白王受制于 f5 车，只能在狭小的空间里走闲着，黑方取胜只是时间问题。

⑭ 车 a3	王 e4	⑮ 车 d1	g5
⑯ 车 a4+	王 e5	⑰ 车 a3	g4
⑱ b4	车×b4		

白方认输。不送兵也是输棋，白方双车难以动弹，而黑方在王翼将发起最后的攻势。

局例三

如图 6-3 局面，现在轮到白方走棋。白方经过准确计算之后，大刀阔斧地兑子简化局面。

① 后×c5！ 后×c5

② 马×c5 象×h6

黑方如走 e×d3，则象×f6，车×f6，车×f6，象×f6，马 d7，白方胜势。

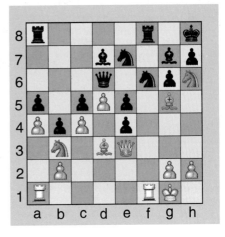

图 6-3

③ 象×h6 e×d3	④ 象×f8 车×f8
⑤ 车×f6！车×f6	⑥ 马×d7 车 f5
⑦ 马 c5 车 f4	⑧ b3 e4
⑨ g3 车 f3	⑩ 马×e4 车 e3
⑪ 马 c5 车 e2	⑫ 马×d3

几番兑子之后白方利用自己马位置较好的阵形特点，先后吃去黑方中心 d、e 两兵，至此取得胜势。

局例四

如图 6-4，现在轮到白方走棋。白方利用己方活跃的后、车和象，对黑方阵形的薄弱点 f7 兵施加压力，迫使黑方兑子简化局面，再逐步扩大优势，最后赢得棋局的胜利。

① 后 e8！

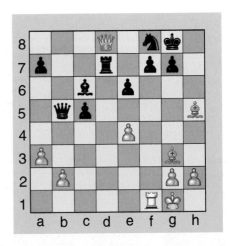

图 6-4

白方强攻 f7 兵，现在黑方的选择很有限。

① ⋯⋯　　　后×f1+

黑方也没有其他办法，只好选择大兑换。如改走 f6，则象 d6，车×d6，象 f7+，王 h7，后×f8，白胜。

② 王×f1　　车 d1+　　　　③ 象×d1　　象×e8

④ 象 f2　　　象 b5+？！

兑换之后，形成双象 5 兵对马象 5 兵的残局，黑方的后翼孤兵受到白方双象的攻击。此时黑方的顽强走法是马 d7，但白方可象 a4，a6，象 c6，王 f8，b3 之后，白方仍然可以取胜。

⑤ 象 e2　　　象×e2+　　　⑥ 王×e2　　马 d7

⑦ 王 d3　　　a6　　　　　　⑧ 象 g1！　　f5

⑨ e×f5　　　e×f5　　　　　⑩ 王 c4　　　马 e5+

⑪ 王×c5

兑掉白格象之后，白王位置高，可以迅速攻击黑方后翼弱兵，并能很快取得胜利。至此，黑方认输。

第二节　弃子战术

弃子，是有计谋地送吃己方的子力，对方接受弃子后，会付出等值的甚至是更大的代价。弃子战术多种多样，前面介绍的例局中就不乏弃子战术的身影。

局例一

我们来看当今女子世界冠军侯逸凡的一则佳局。 如图 6-5，侯逸凡跃马捉双，白方不吃马则丢后，吃马则黑方可 4 步杀王。

① ……　　　马 c3+

② b × c3　　b × c3+

③ 王 c1　　　后 b2+

④ 王 d1　　　后 b1（黑胜）

这一则例局中，黑方捉双、弃子等战术并用，迅速取胜。

局例二

如图 6-6，现轮到白方走棋，黑方兵力占优，但是白方对防守薄弱的黑方王翼形成强大的压力。

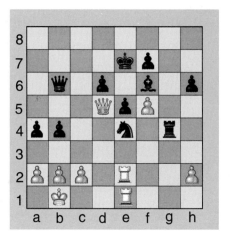

图 6-5

① 后 g6+　　f × g6

② 车 × g6+　王 h7

③ 车 × g5+　王 h6

④ 车 g6+　　王 h7

⑤ 车 g4+　　王 h6

⑥ 车 f6+　　王 h5

⑦ 车 h4+（黑方认输）

以下黑方走王 g5，白方走

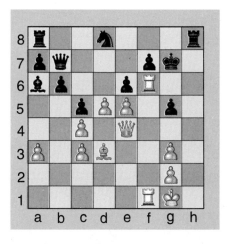

图 6-6

车 g6，白胜。白方双车的直线火力和象的斜线火力配合，利用闪击调整双车位置，连将杀王。

局例三

在实战中，弃子战术常常在侧翼攻王中运用。如图 6-7，轮到黑方走棋。黑方利用己方兵力优势，大胆弃子。

① ……　　　马 f3 !

弃子打开白格大斜线，在黑方后×h2要杀的威胁下，白方只得吞下这枚苦果。

② g×f3　　车×f3

③ 车g2　　后h3

④ 车cg1　　车e5

⑤ 象×f3　　象×f3

⑥ 象×e5　　象×e5

⑦ 后d5+　　王h8

弃掉两个子之后，黑方后

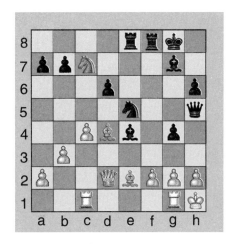

图 6-7

双象对白王形成绝杀之势。白方要想解杀只有用后换掉象，局面也毫无希望，因此投子认输。

第三节　升变战术

兵的升变可使升变方的子力增强，双方实力对比出现有利于升变方的变化，从而为升变方的取胜提供了必要的物质条件。因此，当一方的某个兵接近对方的底线时，就会竭尽全力，排除一切障碍，继续进兵，助兵升变。这是争取胜利的一种常用战术。

下面举例说明变后和特殊升变这两种兵升变的规律。

局例一

如图6-8，白兵进到第7横线，被黑王顶住，似乎无法升变，但白方可采取弃子吸引的战术助兵升变。

① 象a7+！车×a7　　　　② 车×a7

白方下一着可车 a8+ 再 b8 变后。如黑王×a7 吃车，b8（后）胜。另如黑马×b7，则车 b×b7+，王 c8，车×g7，以下双车必胜单车。

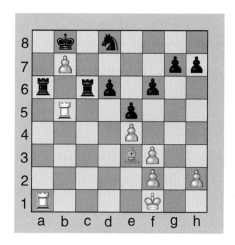

图 6-8

局例二

如图 6-9，白兵进到第 7 横线，因有黑王顶住，不能立即升变。但现由白方走棋，白方可以利用先行之利，用弃车杀象、弃象杀兵、弃后杀马等一系列强制性的弃子手段，为兵创造出升变的条件。

① 车×g7！　马×g7

② 象×h6！　车 h×h6

白方有后×g7 杀的威胁。黑如改走车 d×h6，则后 b8+，马 e8，f×e8（后），王 g7，后 f7 杀。

③ 后×g7+！　王×g7

④ f8（后）+　王 g6

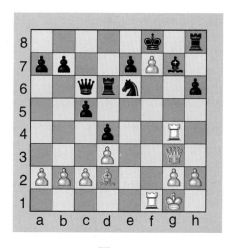

图 6-9

如黑王 h7，则车 f7+，王 g6，后 g7+，王 h5，车 f5+，下一着后 g3 杀。

⑤ 后 f7+　王 g5　　　　⑥ 后 f5+　王 h4

⑦ g3（白胜）

以上两例是中残局时兵的变后实例，这在实战对局里是较常见的。但是兵的升变并不是仅仅在中残局时才有可能出现，有时在开局阶段也能用上。下面我们一起来看两个实例。

局例三

① d4　　　　d5　　　② c4　　　　c6

③ 马 f3　　　马 f6　　④ e3　　　　象 f5

⑤ 后 b3　　　后 b6　　⑥ c×d5　　　后×b3

⑦ a×b3　　　象×b1

黑方在吃 d5 兵以前，决定先换掉 b1 的白马，如果改走 c×d5，则马 c3，下一着有 b5 的威胁。

⑧ d×c6　　　象 e4

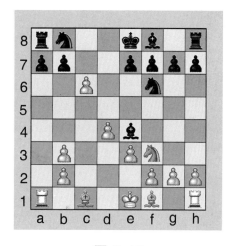

图 6-10

如图 6-10，乍一看似乎白棋走错。d5 兵吃掉 c6 位黑兵后，威胁着要吃 b7 黑兵，但黑象由 b1 退到 e4 正好守住 b7 位，这样白棋不是要白丢一马吗？然而白方此时有弃车的巧着可助兵变后。

⑨ 车×a7！车×a7

⑩ c7！

双重威胁！以下白兵可成功地升变为后。

局例四

① e4　　　　c6　　　② d4　　　　d5

③ 马 c3　　　d×e4　④ 马×e4　　　象 f5

⑤ 马 g3　　　象 g6　⑥ 马 h3　　　e6

⑦ 马 f4　　　象 d6　⑧ h4　　　　后 c7

⑨ h5　　　　象×f4？⑩ h×g6　　　象×g3？

如图 6-11，黑方走象是一步错着，应改走 f×g6。

157

⑪ 车×h7！车×h7　　　⑫ g×h7　　　后 a5+

白 h7 兵变后的目的即将达到，剩下的问题是如何正确地应将。

⑬ c3！　　　象×f2+

这时白方不能走象 d2，否则

象×f2+，王×f2，后 f5+，下一

着可后×h7。白方也不能走后

d2，否则象×f2+，王×f2，后

f5+ 下一着可后×h7。

⑭ 王 d2！　　象 e3+

为阻止白兵变后，黑方无

奈弃象。但白方如误走王×e3，

则后 g5+，黑后可带将吃掉 h7

的白兵。

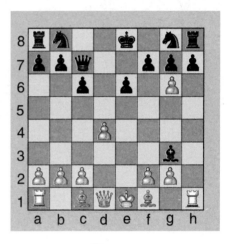

图 6-11

⑮ 王 c2　　　后 f5+　　　⑯ 象 d3

黑方无法阻止白兵变后，白胜。

第四节　攻王战术

攻击王城，简称攻王，是中局阶段以对方王为目标的进攻，它是赢棋的直接手段，也是夺取主动权的一个重要环节。作为国际象棋对局过程中最有效、最重要的攻击形式，攻王可以直接杀王取胜、获得子力优势或获得制胜局面的优势。下面分三部分来介绍。

一、中路攻王

攻击对方滞留在中路即 d 线或 e 线上的王称为中路攻王。

一般情况下，王在侧翼躲在兵线后面较为安全，因此对局者通常不放过王车易位的机会。王车易位的另一好处是有助于把车调往中路参战。如果对方的王滞留在中路，那么就应该及时地对它发起直接进攻。

局例一

如图 6-12，白方优势明显，基本完成出子，后的位置很好，象则居于开放的斜线上。黑方子力配置不好，而局面的主要缺点是王的位置很差，这当然会成为白方进攻的目标。

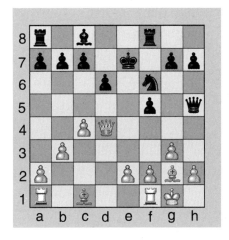

图 6-12

按照上述的分析，白方以中路攻王为主要方向，着手打开局面。

① c5！

白方计划下一步 c×d6+，c×d6，象 a3 攻 d6 格，以后有车 ac1 等着法，使后备力量投入战斗。

① ……　　后×e2

如果开放直线和斜线有利于进攻一方的话，那么防御时自然应力求保持局面的封闭性，同时采取措施改善自己王的位置。但是在本例中黑方的局势是如此糟糕，以致已经不存在真正能令人满意的续着。因此用后吃兵是在没有"正着"时的无奈之举，这在实战中是经常能看到的。

② c×d6+　　c×d6　　　　③ 象 g5

e 线既然已被打开，这一步可说是最为简捷地达到目的的手段。

③ ……　　王 f7　　　　④ 象×f6

为了更快取胜，白方以象兑马。黑马在某种程度上可以说是保卫黑方的唯一棋子，因此这样兑子有利于进攻一方，用这种兑子方法可使进攻力量相比防御力量的优势变大。兑子后，好的"防御者"退出"舞台"，而黑方的车和象，暂时还游离于战斗之外。

④ ……　　　g × f6　　　⑤ 车 fe1　　后 g4

黑方如后 a6，则后 h4，王 g6，车 e7，h6，象 f3 要杀，黑方也不好应对。

⑥ 后 × d6　　车 h8

黑方此举是为了预防象 d5+，王 g7，后 e7+ 的棋。

⑦ 车 ac1

白方现在把后备力量 a1 车投入战斗。

⑦ ……　　　f4　　　　⑧ h3

逼黑后到第 5 横线，白方准备发起最后的攻击。

⑧ ……　　　后 g5　　　⑨ 车 e7+　　王 g6

⑩ 车 c5

白方所有的棋子都已投入进攻。

⑩ ……　　　象 f5　　　⑪ 车 × f5（白胜）

二、同向易位攻王

双方都朝同一个方向进行王车易位之后，一方攻击对方的王称为同向易位攻王。

攻王时机通常在对方易位局面（一般在王翼）有弱点（或能使其出现弱点），且其子力分散失去联系，而己方子力能协调地集中在王翼时。

局例二

如图 6-13，由于挺进了 g3 兵，白方易位局面弱化，使黑方迅

速组织子力攻王。这里主要的
攻击点是白方阵营最弱的 h3 和
g2 格。

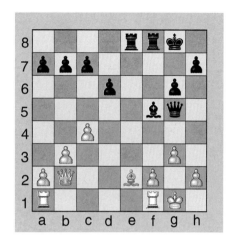

图 6-13

① ……　　象 h3

② f4

白方捉后弃车破坏了本已
弱化的白王阵地，使己方的子
力不协调，容易遭受打击。

② ……　　　象 × f1！

极妙！黑方弃后吃车，最
大限度地削弱白王阵地的防守，可迅速组织起势不可挡的攻杀。

③ f × g5　　车 × e2　　　④ 后 c3　　　象 g2

黑方接下来有象 c6 之后车到 g2 照将的威胁。

⑤ 后 d3　　象 f3

白方对此已无法对付。如改走车 e1，则象 h3，以后白方
车 × e2，黑有车 f1 照将杀。

⑥ 车 f1　　车 g2+　　　⑦ 王 h1　　　象 c6！

⑧ 车 × f8+　王 × f8　　　⑨ 后 f1+　　车 f2+（黑胜）

三、反向易位攻王

双方向不同的方向进行王车易位之后，一方攻击对方的王称为
反向易位攻王。

因己方王在另一侧，挺兵不会削弱己方的易位局面，故兵可快
速进攻。但因对方在另一翼也可攻王，故进攻时须顾及己方王的安
全和掌握进攻的节奏。

局例三

如图 6-14 局面，轮白方走棋。黑兵 h6 前进了一步，后方空虚，白方可走兵 h4，以后兵 g4 再 g5 在对方王翼进行进攻，以便打开右侧通路，使车能威胁黑王。实行这样的计划，白方自然要在适当时刻进行长易位。

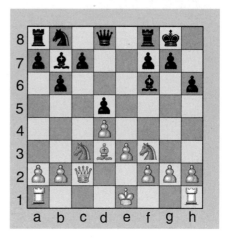

图 6-14

① h4   c5

② 0-0-0   马 c6

③ g4

在黑方还来不及在中心采取行动之前，白方接下来 g5 的挺进却已成为十分现实的威胁了。

③ ……   c × d4   ④ e × d4   后 d6 ！

黑方立即吃 d4 兵当然不好，如着急走马 × d4，则马 × d4，象 × d4，象 h7+，王 h8，车 × d4，g6，象 × g6，白优。黑方此时走后 d6 之后有后 f4+ 的威胁，因此白方还不能轻易走 g5。

⑤ 王 b1   马 b4

错着，此后白方牢牢地掌握主动权。其实黑方仍应走后 f4，这样黑方在中心的反击甚至比白方在王翼的兵的进攻更为有效。

在反向易位的斗争中，平时似乎不怎么重要的细节会起到决定性的作用。

⑥ 后 d2   马 × d3   ⑦ 后 × d3

黑方虽有双象，但无从发挥威力，因为其中一象被自己的兵挡住，而另一象在行动上受到对方 d4 兵的限制。此外，已无法应对白方接下来 g5 的进攻威胁。

⑦ ……　　　g6　　　　　⑧ g5　　　　象 c8

⑨ 王 a1　　象 f5

黑方后翼象赶来王翼保驾，但这并不能使黑方局势轻松多少，因为黑方无法在不损害自己的局面的情况下保护好王翼。

⑩ 后 d2　　象 g4　　　　⑪ 马 b5！　后 e6

黑方如后 c6，则车 c1，后×b5，g×f6，王 h7，马 e5，白方有明显的局面优势。

⑫ 车 de1　　后 f5　　　　⑬ 马 e5　　象×e5

黑方如 h×g5，则马 d6，后 e6，马 e×f7。

⑭ d×e5　　h5

黑方暂时解除了王翼的危机，但白方局面优势已经相当大。

⑮ 马 d6　　后 e6

黑方如后 f3，则白方走车 hg1，下一步再车 g3 捉后。

⑯ 车 e3　　车 ad8　　　　⑰ 车 c1　　车 d7

⑱ 后 d4　　象 h3　　　　⑲ 车 f3　　车 e7

⑳ a3　　　车 d8　　　　㉑ 车 f6　　后 g4

黑方不能吃 e5 兵，如走后×e5，则后×e5，车×e5，马×f7，捉双。现在白方加紧展开攻势。

㉒ 后×d5　　后×h4　　　㉓ 车×g6+　王 f8

㉔ 后 f3

白方下一步有后 f6 的威胁。

㉔ ……　　　后 d4　　　㉕ 后×h5（白胜）

第五节 谋和战术

国际象棋规则规定：长将是允许着法，逼得对方无子可动的逼和局面也为和棋。另外，长捉也是允许的。因此，在实战对局中，弱势的一方常常利用长将、逼和、长捉等手段强制求和。这是以强制和棋为目的的一种战术。

一、长将

当一方的进攻子力不能进行制胜的攻击，同时也不可能瓦解对方王周围的防守力量并组织出有效杀棋手段时，常常采用长将手段强制成和。这时，用于进行长将的主要子力通常是后。

局例一

如图 6-15，白后、车对黑后、车、象，白方势弱。但现在轮白方走棋，可采取弃车吸引同时堵塞的战术形成长将，迫成和局。

① 车 h5+！ g×h5

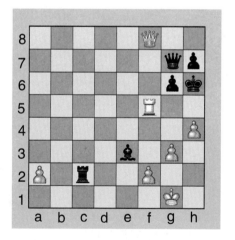

图 6-15

白方这着弃车目的在于暴露黑方的王，以便接下来用后长将。黑方必须用兵吃车，如改走王×h5，则后×g7，黑方失后必败。

② 后 d6+　后 g6　　③ 后 f8+

白后在 d6 和 f8 两个格位照将，黑方无法摆脱，于是成长将和。

局例二

本局是两位前世界冠军在莫斯科的一次国际比赛中弈成的局面，他们对局的前12个回合具体着法如下。

① e4　　　　e5　　　　　② 马 f3　　　马 c6

③ d4　　　　e×d4　　　　④ 马×d4　　马 f6

⑤ 马 c3　　　象 b4　　　　⑥ 马×c6　　b×c6

⑦ 象 d3　　　d5　　　　　⑧ e×d5　　c×d5

⑨ 0-0　　　0-0　　　　　⑩ 象 g5　　象 e6

⑪ 后 f3　　　象 e7　　　　⑫ 车 fe1　　h6

如图 6-16，为了解除白方黑格象对黑方造成的威胁，黑方走 h6，结果被白方抓住机会采取弃子手段，破坏黑王阵地，形成长将。

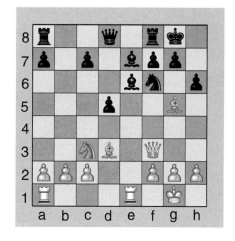

图 6-16

⑬ 象×h6！　g×h6

⑭ 车×e6！　f×e6

⑮ 后 g3+　　王 h8

⑯ 后 g6　　　后 e8

⑰ 后×h6+　王 g8

⑱ 后 g5+　　王 h8　　　　⑲ 后 h6+（长将和）

二、逼和

逼和是国际象棋中比较特殊的一种和棋形式，如果一方行棋后并未将军，但同时另一方无子可动时，便形成逼和局面。一般来说，在双方子力近乎兑完的残局阶段才有机会运用这种战术谋和，而在中局阶段则很少有机会出现这类局面。

局例三

如图6-17，白方少一子，白王面临被杀的危险，显然已到认输的时刻。但白方采取对方意想不到的巧着而造成逼和。

① h4！　　车 e2+

② 王 h1　　后×g3?

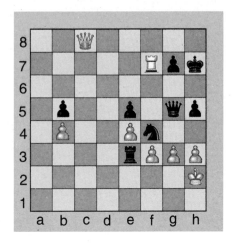

图 6-17

黑方没有察觉白方的意图，随手吃掉g3兵。这一来，白王已不能动了，白方只要弃去多余的两子即可造成逼和。

③ 后 g8+！　王×g8　　　④ 车×g7+

以下不论黑方用王还是用后吃掉白车，结果都成逼和。

局例四

如图6-18，是人工排拟的逼和局例，着法十分巧妙。乍一看，黑兵变后不可阻挡，白方唯有认输。但白方有巧着可成逼和。

① h7+　　　王 h8

② 象 g7+　　王×h7

③ 象 a1+！　王 g6

④ 车×c6+　　王 h5

⑤ 王 b2！　　h1（后）

⑥ 车 h6+

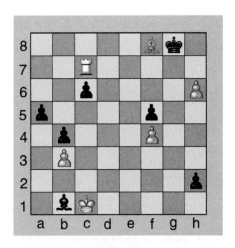

图 6-18

白方弃车，巧成逼和。

三、长捉

局例五

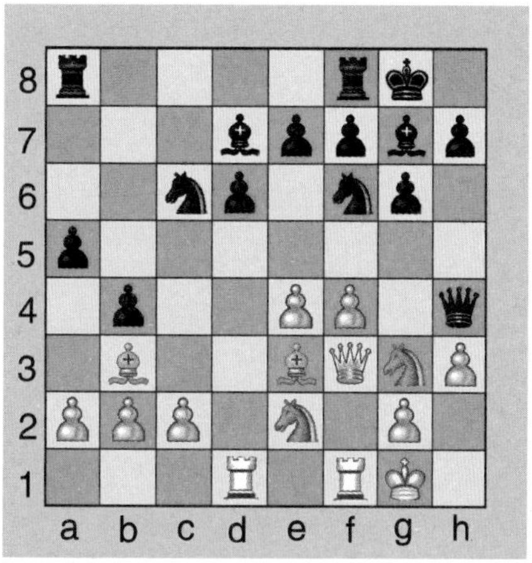

如图 6-19，黑方各子位置不利，他们的主要弱点是相互不协调。黑后虽然没受攻击，但在局中不起作用，而眼前白 e4-e5 对黑威胁很大。黑方只有利用白方局面中的弱点施展长捉战术，强制成和。

图 6-19

① …… 象 g4 ！

② h×g4 马×g4

白方如改走后 f2，则象×e2，马×e2，后×f2+，黑方无所畏惧。

③ 车 fe1 马 h2 ！　　④ 后 f2 马 g4

⑤ 后 f3 马 h2

黑马长捉白后，和棋。

综合练习（六）

以下各题均是白先。第 1~10 题为白胜，第 11、12 题为和棋。
请写出具体着法。

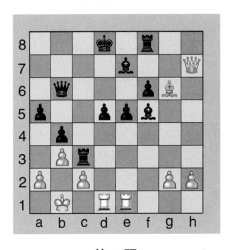

第 1 题

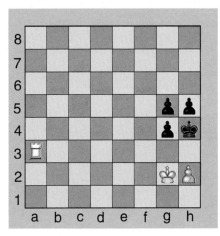

第 2 题

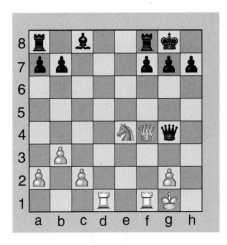

第 3 题

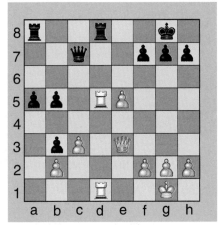

第 4 题

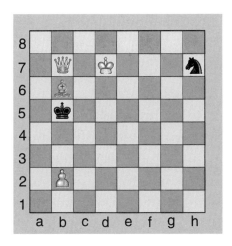

第 5 题

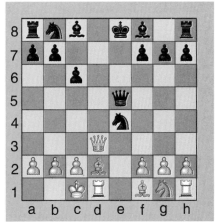

第 6 题

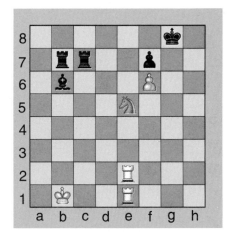

第 7 题

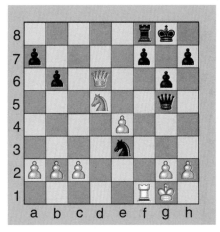

第 8 题

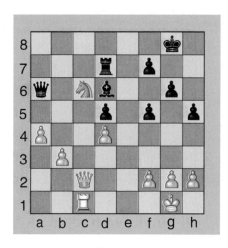

第 9 题

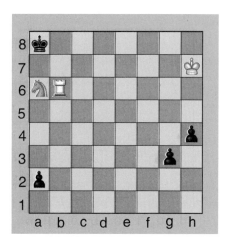

第 11 题

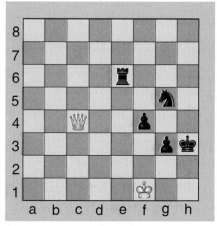

第 10 题

第 12 题

第七章

精彩对局赏析

国际象棋布局的主要任务是部署子力，争先占位，组成合理的攻防阵形，最大限度地发挥己方子力的效用，同时抑制对方子力的效用，为中、残局创造有利的条件。随着棋艺理论的不断发展，各种级别比赛日益增多，棋手的理论水平、实战能力迅速提高，比赛经验也愈加丰富，使得比赛越来越紧张激烈。当今的国际象棋已经达到了相当的广度和深度，目前正向高、精、深、微的方向发展。本章撷取几则大师们的精彩对局，我们一起欣赏一下。

第1局　挪威 卡尔森——印度 阿兰德

2013 年 11 月，世界国际象棋冠军赛在印度钦奈举行。这是有"棋坛莫扎特"美称的挪威 22 岁年轻棋手卡尔森和"马德拉斯虎"阿兰德的世界冠军争夺战的最后一局，卡尔森和棋之后，以 6.5 分比 3.5 分的绝对优势成为新的世界冠军，在全世界引起轰动。

① e4　　　c5　　　　　② 马 f3　　　d6

③ 象 b5+

白方利用将军之机加快出子速度。

③ ……　　马 d7　　　　④ d4　　　c×d4

⑤ 后×d4　a6　　　　　⑥ 象×d7+　象×d7

⑦ c4

白方的 c4 兵和 e4 兵，形成著名的"马罗茨之钳"。

⑦ ……　　马 f6　　　　⑧ 象 g5　　e6

⑨ 马 c3　　象 e7　　　　⑩ 0-0

白方此时也可走车 d1，则象 c6，0-0，0-0，后 d3，后 c7，a4，车 fd8，车 fe1，车 ac8，双方另有激战。

⑩ ……　　象 c6

⑪ 后 d3　　0-0

⑫ 马 d4　　车 c8

⑬ b3　　　后 c7

⑭ 马×c6　后×c6

⑮ 车 ac1　h6

⑯ 象 e3　　马 d7

如图 7-1，黑方在黑格上占有优势，可以进兵 d5 或者 b5，寻求突破。

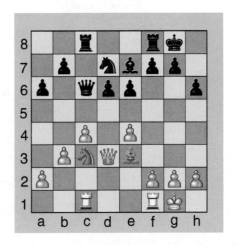

图 7-1

⑰ 象 d4　　车 fd8　　⑱ h3　　　后 c7

⑲ 车 fd1　　后 a5　　⑳ 后 d2

白方有下一步马 d5 闪击吃象将军的威胁。

⑳ ……　　王 f8　　㉑ 后 b2　　王 g8

这两步棋可以理解成阿兰德以重复局面达成和棋的提议，这样卡尔森就已经可以夺冠了。但是卡尔森并没有接受，坚持要对弈下去。

㉒ a4　　　后 h5　　㉓ 马 e2　　象 f6

㉔ 车 c3　　象 × d4　　㉕ 车 × d4　　后 e5

㉖ 后 d2　　马 f6　　㉗ 车 e3　　车 d7

㉘ a5　　　后 g5 ？！

黑后原来占据的 e5 格不错，不需要调整。这一步不好，目前局面白方占优。卡尔森的助手哈默尔评论："阿兰德给了卡尔森一个好局面，这让阿兰德很紧张，因为面对这种局面，卡尔森就不会接受和棋了。"

㉙ e5 ！　　马 e8　　㉚ e × d6 ？

卡尔森这一步可以有更好的选择，比如马 c3、马 g3 和进兵b4。

㉚ ……　　车 c6 ！　　㉛ f4　　　后 d8

㉜ 车 ed3　　车 c × d6　　㉝ 车 × d6　　车 × d6

㉞ 车 × d6　　后 × d6　　㉟ 后 × d6　　马 × d6

㊱ 王 f2

这个残局目前卡尔森占优，但是阿兰德防守正确的话，能够谋得到和棋。

㊱ ……　　王 f8　　㊲ 王 e3　　王 e7

㊳ 王 d4　　王 d7　　㊴ 王 c5　　王 c7

黑王及时赶到，阻止白王进入 b6 格，不过黑王处于尴尬境地。

㊵ 马 c3　马 f5　㊶ 马 e4　马 e3
㊷ g3　f5

黑棋被迫进兵。现在形势明朗，卡尔森还是想赢棋。

㊸ 马 d6　g5　㊹ 马 e8+　王 d7
㊺ 马 f6+　王 e7　㊻ 马 g8+　王 f8
㊼ 马 × h6　g × f4　㊽ g × f4　王 g7
㊾ 马 × f5+　e × f5　㊿ 王 b6　马 g2
(51) 王 × b7　马 × f4　(52) 王 × a6　马 e6
(53) 王 b6　f4　(54) a6　f3
(55) a7　f2　(56) a8（后）f1（后）

许多国际象棋特级大师一致认为，这个残局下到这里就必然是和棋了。

(57) 后 d5　后 e1　(58) 后 d6　后 e3+
(59) 王 a6　马 c5+　(60) 王 b5　马 × b3
(61) 后 c7+　王 h6　(62) 后 b6+　后 × b6
(63) 王 × b6　王 h5　(64) h4　王 × h4
(65) c5　马 × c5

双方和棋。

第 2 局　挪威 卡尔森——中国 卜祥志

2017 年国际象棋世界杯在格鲁吉亚首都第比利斯举行，来自世界各地共 128 名棋手展开了激烈争夺，中国名将卜祥志在 32 强的比赛中，以 1 胜 1 和的成绩淘汰了现役世界冠军卡尔森，再一次证明了中国队的实力。下面就为大家解析卜祥志执黑战胜卡尔森的精彩对局。

① e4　e5　② 象 c4

白方飞象开局，用来避免黑棋走出平稳的俄罗斯防御，以力求争胜。

② ……　　　马 f6　　　③ d3　　　　马 c6

④ 马 f3　　　象 e7

另一种常见的出子方式是④ ……　象 c5，转成意大利开局。

⑤ 0-0　　　0-0　　　⑥ 象 b3　　　d6

⑦ c3　　　象 e6　　　⑧ 车 e1

如图 7-2，白方现在兑象没有好处，因为象×e6，f×e6之后，黑方 e6 的叠兵既可加强控制中心的力量，又打开了 f 线，更利于进攻。

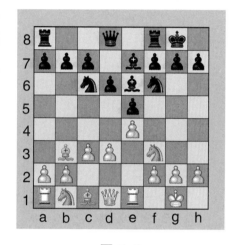

图 7-2

⑧ ……　　　后 d7

⑨ 马 bd2　　　车 ab8

这是一步非常有趣的预防性走法。黑方想要冲 d 兵反击中心，但如果直接走 d5，会遭到白方象 a4 牵制，而车在 b8 就可走 b5 赶象。同样，自然的出子白方也可以续走象 a4，则 a6，d4，抢先一步在中心发力。

开局出子速度要快，又要注意限制对方发展，是要花一些心思的。

⑩ 象 c2　　　d5

黑方不能再等待了，黑象在 e6 的位置并不好，不能让白方抢先冲起 d4 兵。

⑪ h3

白方这步棋是为了预防以后对方走马 g4 攻王，但其实可以继续走马 f1，车 be8，象 e3，局面很坚固。

⑪ ……　　　h6

黑方毫不退缩，"催逼"白棋接受弃兵。白方考虑之后，决定接受挑战。

⑫ e×d5　　马×d5　　　　⑬ 马×e5　　马×e5

⑭ 车×e5　　象 d6　　　　⑮ 车·e1

如图 7-3，后来有些大师
认为，这里白方应该走车 e4，车
从第 4 横线参与防守王翼，如果
黑方续走象 f5，则马 c4！d 线
的牵制使黑方不能吃车（黑方
如象×e4，则 d×e4），而白棋可
以马 d6 交换掉强有力的黑象。

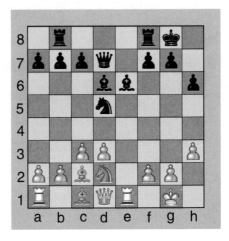

图 7-3

现在，白方出子落后，而黑
方一群子力已瞄准了白方王翼。

⑮ ……　　　　象×h3！

好棋，要是让白方马 e4、后 f3 完成出子，黑方就难开展进攻了，
时间就是生命！趁着白方王前空虚，黑方弃子抢攻。

⑯ g×h3　　后×h3　　　　⑰ 马 f1

白方可以改走后 f3 守住，但那样黑方可走象 h2+，王 h1，象
g3+，王 g1，象 h2+，长将和棋。

⑰ ……　　　　车 be8　　　　⑱ d4

白方准备象 e4。

⑱ ……　　　　f5　　　　⑲ 象 b3　　c6

⑳ f4　　　　王 h7

如图 7-4，躲开白象的牵制，让黑马重新活跃起来。此时，白方
应该走车 e2，在王前建起新的防火墙，黑方如续走马×f4，则车 h2，后
g4+，后×g4，f×g4，象×f4，车×f4，黑方的王翼攻势被化解，但
他弃子换来的王翼多兵仍能保证他继续对抗。然而白方没有发现
这个较好的防守机会。

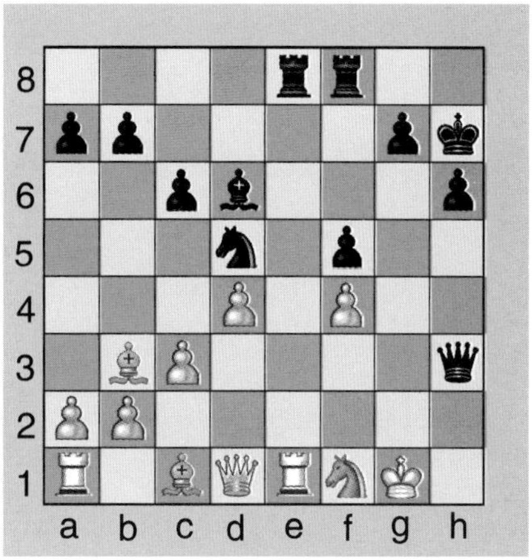

㉑ 象×d5　c×d5

㉒ 车 e3　车×e3

㉓ 象×e3　g5！

黑方勇猛冲锋！

㉔ 王 f2

白方不敢 f×g5，否则 f4！后 c2+，车 f5，象 c1，f3，黑兵成为强大的进攻力量。

㉔ ……　g×f4

㉕ 后 f3　f×e3+

㉖ 马×e3　后 h2+　　㉗ 王 f1　车 g8

黑车开始投入战斗。

㉘ 后×f5+　车 g6　　㉙ 王 e1

白方想了很久，算出无法形成长将，因为黑方可用车象合作，把黑王保护得很好。

㉙ ……　h5　　㉚ 士 d1？

白方错过了最后的救命稻草，应该走车 d1，既保护了白车，又给白王在 c1 制造了一个安全港。

㉚ ……　王 h6

现在，黑方消除了连将的威胁，胜券在握了。

㉛ 马 c2　h4

黑方如象 f4 威胁杀王，可以赢得更精彩，不过黑方的走法不冒风险，更朴实实用。

㉜ 马 e1　h3　　㉝ 马 f3　后 g2

㉞ 马 e1　后 g4+！　　㉟ 后×g4　车×g4

㊱ 马 f3　车 g1+！

图 7-4

如图 7-5，这是卜祥志战胜世界棋王卡尔森的终局局面。如果接走马×g1，黑方可 h2，漂亮的弃车确保了黑兵升变。白马像无头苍蝇一般乱撞，最终也无法防守黑兵，这也充分印证了"马对边兵作战不利"的理论。

至此，白方认负，黑方获胜！

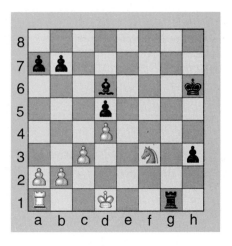

图 7-5

第 3 局　中国 侯逸凡——意大利 卡鲁亚纳

在德国举行的 2017 年国际象棋格林克经典大赛上，世界八位超一流棋手：卡尔森、阿罗尼安、拉格拉夫、卡鲁亚纳等名将，与世界女子第一人，中国的侯逸凡狭路相逢。这是第一轮，侯逸凡执白对阵"最有希望的世界冠军竞争者之一"的卡鲁亚纳。

① e4　　　　e5　　　　② 马 f3　　　马 c6

③ 象 b5　　马 f6

双方走出的是西班牙开局的一个古老变例。

④ 0-0　　　马×e4　　⑤ 车 e1　　　马 d6

⑥ 马×e5　象 e7　　　⑦ 象 f1 ！

高手的灵活着法。此时王翼车已经出来，白象暂退原位伺机再发，避免被黑方即将挺起的 d5 兵封锁。

⑦ ……　　0-0　　　　⑧ d4　　　　马 f5

⑨ 马 f3

此马要留着保护中心和王翼阵地。

⑨ ……　　d5　　　　⑩ c3　　　　象 d6

⑪ 马 bd2　　马 ce7

如图 7-6，黑方此举乍看起来还不错，f5 马既可监视中心，又攻击王翼，位置理想，应予加强。但现在白方中心兵屹立，王翼坚实。黑马在此起不了作用，可能还会成为被攻击的对象。不如走车 e8 稳当，或走马 fe7，把 f5 格留给象。

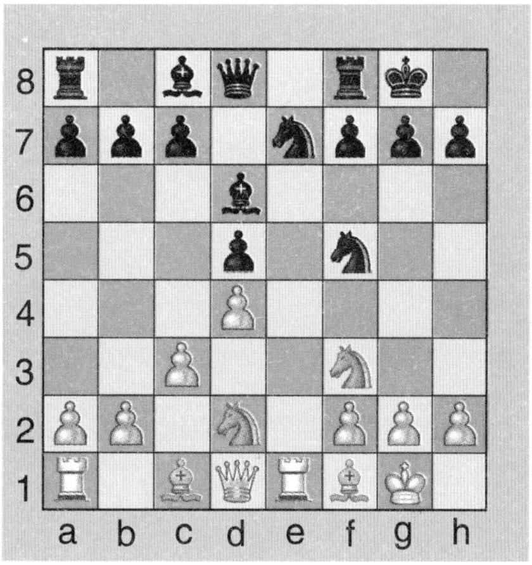

图 7-6

⑫ 后 c2　　c6

⑬ 象 d3　　g6

⑭ 马 f1　　f6　　　⑮ h3　　　车 f7

⑯ 象 d2　　象 d7　　⑰ 车 e2

如图 7-7，双方都在继续出动子力。白方抢先加强对 e 线的掌控。没有战术机会时，就先加强局面。

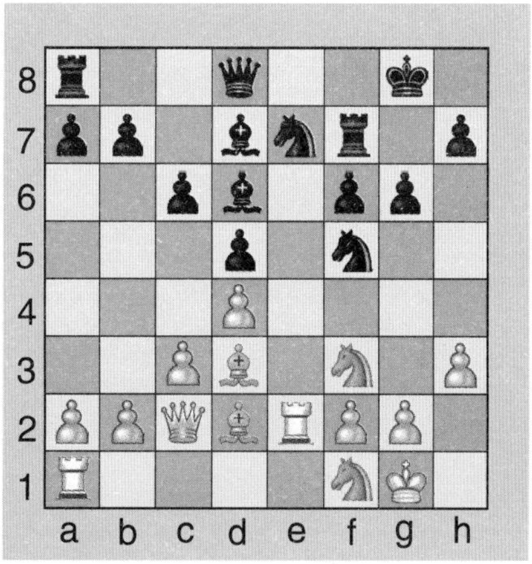

⑰ ……　　c5？

黑方在对方阵势坚固、己方王翼虚浮的形势下，不惜造成中心孤兵以求一战，低估了对方的实力。可靠的着法是马 g7，或走 b6，下一步再 c5。

图 7-7

⑱ d×c5　　象×c5　　⑲ 象 f4　　车 c8

⑳ 车 ae1　　g5　　　㉑ 马 g3！

兑马巧着，兑去弱子留下强子，正是对付中心孤兵的上佳策略，也粉碎了黑方将局势复杂化的企图。

㉑ ……　　马×g3　　　　㉒ 象×g3　　a5

"长兵器"斗争需特别警惕。黑方现在不能利用 c 线上的牵制走 d4，否则白方象 c4！反牵制。

㉓ 后 d2　　a4　　　　　　㉔ b4！　　a×b3（e.p.）

㉕ a×b3　　马 g6　　　　　㉖ h4！

如图 7-8，轮到白方重拳出击！小兵当大任。现在黑方无论兑不兑兵都是王门大开！

㉖ ……　　g×h4

㉗ 马×h4　　马×h4

㉘ 象×h4　　后 f8

㉙ 后 f4　　象 d6

㉚ 后 d4　　车 d8

㉛ 车 e3

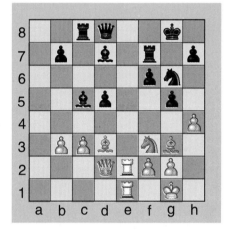

图 7-8

白方占据了好点要道，顺势发动了决定性的攻击。黑方不可急走象 c5，否则白方可车 g3+，下一步再走 后×d5。

㉛ ……　　象 c8　　　　　㉜ b4　　王 g7

㉝ 象 b5　　象 c7

这里黑方不能走车 e7，否则白方象×f6+！后×f6，车×e7+，乱战中黑王终将被杀。

㉞ 车 e8！

白方走象 e8 得车也可稳占优势，但是有意思的是，我们的侯逸凡大师也如意大利的浪漫主义大师们一般追求艺术完美，要直捣王门妙手擒王。

㉞ ……　　后 d6　　　　　㉟ 象 g3　　后 b6

㊱ 后 d3　　象 d7　　　　　㊲ 象×d7　　车 d×d7

㊳ 后 f5 　　象 × g3 　　㊴ 后 g4+ 　　王 h6

㊵ 后 h3+

以下白方车后联攻，必可成杀。至此，黑方认负。

第 4 局　中国 倪诗群——俄罗斯 古妮娜

2017 年在伊朗首都德黑兰举行的国际象棋女子世界锦标赛中，上海小将倪诗群第一次参加世锦赛，连克多位高手，表现抢眼，是参赛选手中的一匹黑马。请看她与俄罗斯国际特级大师古妮娜的一局对抗。

① e4 　　　　c5 　　　　② 马 f3 　　马 c6

这是 32 强赛的第 2 局，先失一局的古妮娜必须获胜才能扳平比分，因此开局时她采用了更为激烈的西西里防御。

③ c3

新颖的想法，意图将开局转成平稳的阿拉宾变例。

③ ……　　　d5

这是阿拉宾变例的应着之一，也可以走马 f6，e5，马 d5，d4，c × d4，c × d4，d6，象 c4。

④ e × d5 　　　后 × d5

黑后早早出动，因为这里不会遭到白方马和象的攻击。

⑤ d4 　　　象 g4 　　　⑥ 象 e2 e6

⑦ h3 　　　象 f5

黑方此时如改走象 h5 就不太好，白方可以 c4，后 d6，d5，借捉后之机立即冲击中心。

⑧ 象 e3

伏有 c4，然后马 c3 的威胁。

⑧ ……　　　c × d4 　　　⑨ 马 × d4 0-0-0

黑方摆出拼命的架势，走得很强硬，但因为线路已经敞开，王在后翼并不安全。

⑩ 0-0　　　象 d6　　　⑪ 马 d2　　　马 ge7

无论哪种开局哪种变例，尽快出动子力、控制中心、做好王的安全防护，都是必不可少的，只是子力出动的次序与位置不同，使得战场上的局面有所不同。现在进入中局，要根据双方的子力位置来制订攻守计划了。白方可走后 a4，积极组织攻势。不过，因为这一局和棋就能确保进入 16 强，白方走得很稳健，准备通过兑后来简化局面。

⑫ 后 b3　　　象 b8　　　⑬ 车 fd1　　　后 a5

如图 7-9，黑后避兑，力争保持进攻机会，却因此陷入险地。还是应该走马 × d4，则象 × d4，后 × b3，a × b3，黑棋无忧。

⑭ 马 b5 !

截断黑后的退路，威胁马 c4-马 cd6"连环踢"。

⑭ …… 车 d5

赶紧腾出 d8 格，解救黑后。不能走马 d5，否则马 c4 ! 后 a6，马 cd6+，白方可借闪击战术得子。

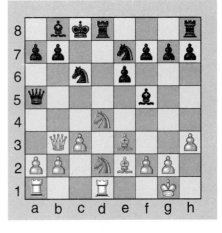

图 7-9

⑮ 马 c4　　　后 d8

黑方如改走车 × b5，则马 × a5，车 × b3，a × b3，白方多子。

⑯ 象 f3

如图 7-10，白方转而攻击黑车，逼迫对方让出 d 线。黑方当然不愿退让，但也难以保全黑车。如走车 d7，白方有象 × a7 弃子引离的战术，以下象 × a7，马 × a7+，马 × a7，马 d6+ ! 王 b8，马 × b7，黑王完全暴露在白方的大片炮火之下，难逃难挡。

⑯ ······ b6

⑰ 后 a3

白方当然可以走象×d5，
e×d5，先获取物质优势，而白
方现在有后 a6 和马 cd6 威胁黑
王，同样很主动。

⑰ ······ 王 d7

黑王位置不安，开始向王
翼逃窜。此时走车×d1+ 没用，
即使接下来车×d1，马 d5，挡
住了 d 线，白方仍能通过后 a6+，王 d7，后 b7+，顺利得子。

⑱ 马 cd6

白方运马阻止黑王逃跑。

⑱ ······ 象 g6 ⑲ c4

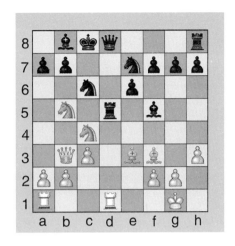

图 7-10

如图 7-11，这真是罕见的
战况。黑车在白象嘴里，黑方
不逃，白方也不吃，现在更是用
兵去逼迫黑车离开，而这一切都
是为了争夺至关重要的 d 线。

⑲ ······ 马 e5

⑳ 象 e2

白方如直接走c×d5，马×f3+，
g×f3，马×d5，车 ac1，白方多
车，也是赢棋。实战的走法更
为稳妥，避免了王前兵形被破坏。

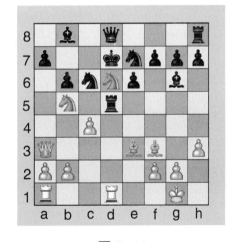

图 7-11

⑳ ······ 象 c2 ㉑ c×d5 马×d5

㉒ 车 d2 象 g6 ㉓ 马 c4

白方已获得足够取胜的子力优势，开始简化局面，以便让胜利来得更轻松简明一些。

㉓ ……　　后 f6　　　　㉔ 马 c3　　马×c4

㉕ 象×c4　后 e5

如图 7-12，白方看到黑方后、象对王的攻击没有实质性威胁，就继续实施自己的攻王计划。

㉖ 马×d5　后 h2+

㉗ 王 f1

黑方的反扑后继无力，已经没有时间接走后 h1+，王 e2，后×a1，因为自己的王已命悬一线。

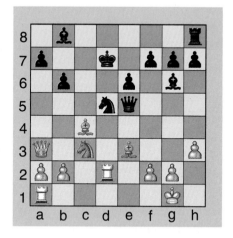

图 7-12

㉗ ……　　e×d5　　　　㉘ 车×d5+　王 e6

现在，白方有精彩的三步杀。

㉙ 车 e5+　王×e5

黑方如改走王 d7，则后 e7+，王 c6，象 b5，将杀。

㉚ 后 e7+

黑方看到了如续走王 f5，则象 d3 必杀，遂主动停钟认输。

综合练习参考答案

综合练习（一）

一、64、8、8、26、13、13、a1-h8 和 h1-a8、32、后、王、马。

二、1. 8、2、4；2. 后、兵、后

三、第 1 题：黑方用马吃后消将。

第 2 题：黑方可以用象斜进一格掩护己方王而垫将。

第 3 题：黑方王向左横移一格躲将。

第 4 题：黑方既不能消将，也不能垫将和躲将，属于被将杀的局面，白方获胜。

四、第 1 题：白方只要把左边的兵向前直进一格便造成将杀。

第 2 题：白方只要用后横平或斜退至黑王所在的直线，即可将杀黑方。

五、第 1 题：白方可以长易位，但不能短易位，因 f1 象还未出动。

第 2 题：白方暂时不能易位，因黑方 e8 车正在将军。

第 3 题：白方暂时不能易位，因黑方双象分别攻击着白方短易位王所经过的 f1 格及长易位后王到达的 c1 格。

第 4 题：白方两翼均可以易位，因为黑象攻击车时（或车经过、到达的格子）不妨碍易位，但此局面白方应选择短易位以免丢车。

综合练习（二）

第 1 题：①后 d7+ 王 b8 ②后 c7（白胜）

第 2 题：①后 d7（白胜）

第 3 题：①车 a4 王 d3 ②车 b3+ 王 c2 ③车 g3 王 b2

④车 f4　王 c2　　⑤车 f2+　王 d1　　⑥车 g1（白胜）

第 4 题：①车 b6　王 d5　　②车 f5（白胜）

第 5 题：①王 b6！王 a8　　②后 c8（白胜）

第 6 题：①后 b4！王 d8　　②后 b8（白胜）

第 7 题：①王 f6　王 h7　　②车 c8　王 h6　　③车 h8（白胜）

第 8 题：①车 c7+　王 g8　　②王 f6　王 h8　　③王 g6　王 g8

④车 c8（白胜）

第 9 题：①王 g6　王 g8　　②象 d5+　王 h8　　③象 e5（白胜）

第 10 题：①象 e8！王 a2　　②象 f7+　王 a1　　③象 d4（白胜）

第 11 题：①马 d7　王 h8　　②王 g6　王 g8　　③马 f6+　王 h8

④象 g7（白胜）

第 12 题：①马 h5　王 g1　　②马 f4　王 h1　　③象 c4　王 g1

④马 h3+　王 h1　　⑤象 d5（白胜）

综合练习（三）

第 1 题：①王 c7！王 a8　　②王 b6　王 b8　　③王 a6　王 a8

④b6　王 b8　　⑤b7（白胜）

第 2 题：①g4　王 e6　　②王 d2　王 f7　　③王 e3　王 g7

④王 e4！王 g6　　⑤王 f4（白胜）

第 3 题：①王 b1！a3　　②b3　王 e5　　③王 a2　王 d5

④王 a3　王 c5　　⑤王 a4　王 b6　　⑥王 b4（白胜）

第 4 题：①g7　王 f7　　②王 f5！王 g8　　③王 g4　王 f7

④王×g5　e4　　⑤王 h6　王 g8　　⑥d×e4（白胜）

第 5 题：①a5　象 f8　　②王 d5　象 h6　　③g5！象×g5

④王 e4　象 d2　　⑤a6（白胜）

第 6 题：① b7+！ 马 b7+　② 王 d5！（白胜）

第 7 题：① 马 d5　王 a7　② 马 b4　王 a8　③ 马 c6（白胜）

第 8 题：① 象 d6！ 王 c6　② 王 a7　王 b5　③ 象 c7（白胜）

第 9 题：① e7　王 f6　② 车 a3　车 b8　③ 王 d6　王 f7

　　　　④ 车 f3+　王 g7　⑤ 王 c7　车 a8　⑥ 车 a3！ 车 e8

　　　　⑦ 王 d7（白胜）

第 10 题：① 车 d1+　王 e7　② 车 d6！ 车 c2　③ 车 c6！ 车 d2

　　　　④ 车 c1　王 d7　⑤ 车 a1（白胜）

第 11 题：① g4　车 c8　② 车 b6　车 f8　③ g5　车 a8

　　　　④ g7　车 c8　⑤ 车 f6　车 a8　⑥ 车 f8+（白胜）

第 12 题：① 车 b6+　王 f7　② b4　车 e1+　③ 王 d4　车 f1

　　　　④ 王 e5　车 e1+　⑤ 王 d6　车 e4　⑥ b5　车×f4

　　　　⑦ 车 c6　车 b4　⑧ b6　g5　⑨ 王 c7　g4

　　　　⑩ b7　g3　⑪ b8（后）车 b8　⑫ 王 b8（白胜）

综合练习（四）

第 1 题：① 象×f7+　王 e7　② 象 g5（白胜）

第 2 题：① 象×f7+　王 e7　② 马 d5（白胜）

第 3 题：① 后×d4　马×d4　② 马 f6+　王 f8　③ 象 h6（白胜）

第 4 题：① 后×f6+　g×f6　② 马 d5（白胜）

第 5 题：① 象×f7+　王×f7　② 马 e6！ 王×e6

　　　　③ 后 d5+　王 f6　④ 后 f5（白胜）

第 6 题：① 后×b8+！！ 车×b8　　② 象×b5（白胜）

第 7 题：① 象×d7+　王 d8 ② 象 c6+！！ 后×d4 ③ e7（白胜）

第 8 题：① 马×h6+　王 h8 ② 马 f7+　王 g8　③ 后 h8（白胜）

综合练习（五）

以下各题均是白先。

第 1 题：① 后 d8+！王 b7　② 后 e7+　白后抽车，胜定。

第 2 题：① 车 d1+　王 c7　② 车 × d8　王 × d8　③ 象 × b6+

　　　　　白象抽车，净多一象一兵，白方胜定。

第 3 题：① 车 c8　车 × a7　② 王 b6+（闪将，白方抽车胜定）

第 4 题：① 后 × f8+！王 × f8　② 象 h6+　王 g8　③ 车 e8（白胜）

第 5 题：① 车 g7！车 g8　② 后 f5+！（白方得后胜定）

第 6 题：① 车 × h7+！后 × h7　② 王 g2！

　　　　　下一着车 h1，黑方无解，白胜。

第 7 题：① f7+！车 × f7　② 后 h8（白胜）

第 8 题：① 车 f6！

　　　　　用车拦截，下一着后 × f7，白胜。

第 9 题：① 车 d5！

　　　　　黑方或丢后或被杀，白胜。

第 10 题：① 后 h4+！王 × h4　② 车 × h7+！王 g5　③ h4（白胜）

第 11 题：① 马 × c6！b × c6　② 后 × e6+！f × e6

　　　　　③ 象 g6（白胜）

第 12 题：① 车 × f2！g × f2　② 车 × f5！王 × f5

　　　　　③ g4+！王 e5　④ 王 g2　王 d5　⑤ d4！王 c6

　　　　　⑥ 王 × f2　王 d5　⑦ 王 g3　王 c6　⑧ 王 f4　王 d5

　　　　　⑨ 王 f5（白方胜势）

综合练习（六）

第 1 题：① 车 × d5+　象 d7　② 象 f5　车 c7　③ 车 ed1　后 b7

④ 后 h3　王 c8　　⑤ 象 × d7+　王 b8

⑥ 车 b5　车 × d7　　⑦ 后 × d7（白胜）

白方数次运用牵制战术，获取兵力优势取胜。

第 2 题：①车 h3+　g × h3　　②王 f3　g4　　③王 f4　g3

④ h × g3（白胜）

第 3 题：①后 × f7+　车 × f7　　②车 d8+　车 f8

③车 d × f8（白胜）

第 4 题：①后 a7！

此时黑方不论用车还是用后吃掉白后，都将因底线弱点输棋。黑如走后 × a7，则车 × d8+，车 × d8，车 × d8，白胜。黑另如走后 c8，则后 × a8，后 × a8，车 × d8+，后 × d8，车 × d8，白胜。

第 5 题：①后 a6+！　王 × a6　　②王 c6　马 f6

③ b4　　　　马 d5　　④ b5（白胜）

如果黑王不吃后到 b4 格，则后 a6+，王 b4，后 d3！马 f6+，王 c6，然后走后 b5 成杀。

第 6 题：①后 d8+！！　王 d8　②象 g5+　王 c7　③象 d8（白胜）

黑方如续走王 e8，则车 d8，白胜。

第 7 题：①车 g2+　王 f8　　　②马 d7+　车 × d7

③车 e8+！王 × e8　　④车 g8（白胜）

第 8 题：①马 f6+　王 g7　　　②后 × f8+！　王 × f8

③马 × h7+（捉双，白方得子胜定）

第 9 题：①马 b8！象 b8　　　②后 c8+　后 × c8

③车 × c8+　王 g7　　④车 × b8

白方可轻松带兵升变，必胜。

第 10 题：① 象 × f6　g × f6　　　② g5！　f × g5

③ f × g5

以后白兵必在 h 线升变，白胜。

第 11 题：① 马 b8　王 a7　　　② 车 b4　　a1（后）

③ 马 c6+　王 a6　　　④ 马 b8+　王 a5

⑤ 马 c6+　王 a6　　　⑥ 马 b8+（长将和）

第 12 题：① 后 × f4！　g2+　　② 王 f2　车 f6

③ 王 g1！（弃后巧成逼和）